地理学演習帳

内田和子・寄藤昂編

古今書院

1：25000 地形図「信濃富士見」国土地理院平成9年発行

本書のご使用にあたって

　本書は大学の学部1〜2年生を対象とした、教養科目としての地理授業をイメージした作業帳である。いずれの大学においても、高校時代に地理を履修した学生の数は少なく、教養の授業でいきなり地理学の専門的内容を講義するには難しい状況が多々、みられる。そのような折に学生に対して、地理へのわかりやすい導入を行い、しかも作業を通して一種の成就感も味あわせたいと願って作成したのが本作業帳である。

　以下に本書の作業の目的を項目別に記してみる。

I　新旧地形図を比較して読む

　1.においては、大規模農業用水通水前後の地形図から農業的土地利用の変化を読み取り、変化の要因を考察する。2.では、石灰岩の採掘により地形が人為的に改変された様子を新旧地形図から読み取り、石灰岩の利用について考察する。3.では、大規模な放水路建設前後の海岸線の変化について新旧地形図から読み取り、治水に果たした放水路の役割と海岸への影響について考察する。4.では、ため池が密集して分布する地域において、時代とともにため池が改廃される様子を地形図から読み取り、ため池跡地の利用や残ったため池の保全について考察する。5.では、瀬戸内海沿岸の干拓地や塩田跡地での土地利用変化と高潮被害との関係を新旧地形図から読み取り、被害と地形との関連を考察する。

II　地形図から新たな図をつくる

　地形図による作業では、6.として、地形図上の一定流域で谷線を引き、1次谷と2次谷の色分けの後、それぞれの数を対数グラフに記入して特色を読み取る。7.では、地形図から火山の断面図を作成し、人々の生活との関連を考察する。ここでは手作業とともに、エクセルでの断面図作成方法も解説している。8.は地形図をメッシュに区切り、メッシュごとの標高を読み取ってブロックダイヤグラムを作成し、等高線だけでは理解しにくい地形の起伏を理解する作業である。ここではエクセルでの作成方法を解説している。9.は土地利用・土地被覆ごとに地形図を彩色して土地利用図を作り、あわせて面積も計算した後、地形と土地利用との関係を読み取る作業である。

III　統計値からグラフを作成する

　10.では、気候の異なる主な都市のハイサーグラフを作成して、それぞれの気候の特色を読み取る。併せて、ハイサーグラフとクライモグラフの違いについても解説している。11.では、内陸の気候と海洋の気候に属する都市のハイサーグラフをエクセルで作成し、気候の違いを読み取る。12.では国勢調査結果を利用して日本の人口ピラミッドを作成し、人口構成の特色を読み取る。ここではインターネットによる人口データの入手方法とエクセルによる作成方法についても解説している。13.では、都道府県別の人口データから性比と高齢化率を計算して方眼紙上に47都道府県の散布図を作成し、特性を読み取る。14.では、提示したデータからある県の市町別昼間人口1人当たり製造品出荷額と年間商品販売額を計算し、方眼紙上に市町別散布図を作成して特色を読み取る。

IV　統計地図を描いて考える

　15.においては、統計資料から日本の何種類かの工業に関する分布図を作成し、特色を読み取る。16.では、国勢調査の登録外国人統計を使って都道府県別日系ブラジル人の分布図を作成し、地域的特色を読み取る。17.では、ある県の統計データから、市区町村別の昼間人口率を計算し、昼間人口比率分布図を作成して、特色を読み取る。18.では、ソウル便が発着する日本の空港の利用者状況を分析し、利用者数の流線図を作成して特色を考察する。

V　データから分布図をつくる

　19.は、ある都市における大型店舗のデータをインターネットで取り出し、出店時代別や店舗規模別などの分布図を作成して、地域的特色を考察する。20.では、iタウンページや政府統計の窓口e-Statからある地域の対象店舗・事業所を取り出し、地図上に貼り付けて分布図を作成する。21.では、ある都市における公示地価の分布から等値線図と地価断面図を作成し、道路や鉄道との関係を考察する。22.は、ある町の小学校の位置から定規とコンパスを用いてボロノイ分割し、実際の学区域との違いを考える。

VI　空中写真から地形を読む

　23.においては、裸眼による空中写真の実体視の練習を行い、簡単な赤青メガネを作成して、アナグリフの実体視の練習を行う。24.では、赤青メガネで扇状地のアナグリフの実体視を行い、地形図と比較して扇状地の特色を考察する。25.では、アナグリフの実体視と国土地理院の空中写真との比較から、緩斜面の開発の特色を考察する。

地理学演習帳　目次

I　新旧地形図を比較して読む

1. 農業用水の開発と農業的土地利用の変化を読む
2. 産業の発達と地形の改変を読む
3. 治水対策と地形の変化を読む
4. ため池の改廃と保全を考える
5. 海岸の地形と高潮の関係を読む

II　地形図から新たな図をつくる

6. 水系図をつくる
7. 断面図をつくる
8. 標高値からブロックダイヤグラムをつくる
9. 土地利用図をつくる

III　統計値からグラフを作成する

10. ハイサーグラフの作成
11. 内陸と海岸の気候を比較する
12. 国勢調査を利用した人口ピラミッドの作成
13. 性比と高齢化率の散布図の作成
14. 出荷額と販売額の散布図の作成

IV　統計地図を描いて考える

15. 日本の工業分布を考える
16. ブラジル人の分布を考える
17. 都市圏の人口流動を考える
18. 日韓の航空流動を考える

V　データから分布図をつくる

19. 大型店の分布状況を知る
20. 事業所の分布図をつくる
21. 公示地価の等値線図をつくる
22. ボロノイ分割図をつくる

VI　空中写真から地形を読む

23. 空中写真の実体視
24. アナグリフによる地形実体視—養老山地東麓の扇状地
25. アナグリフによる地形実体視—地形の人工改変と都市開発

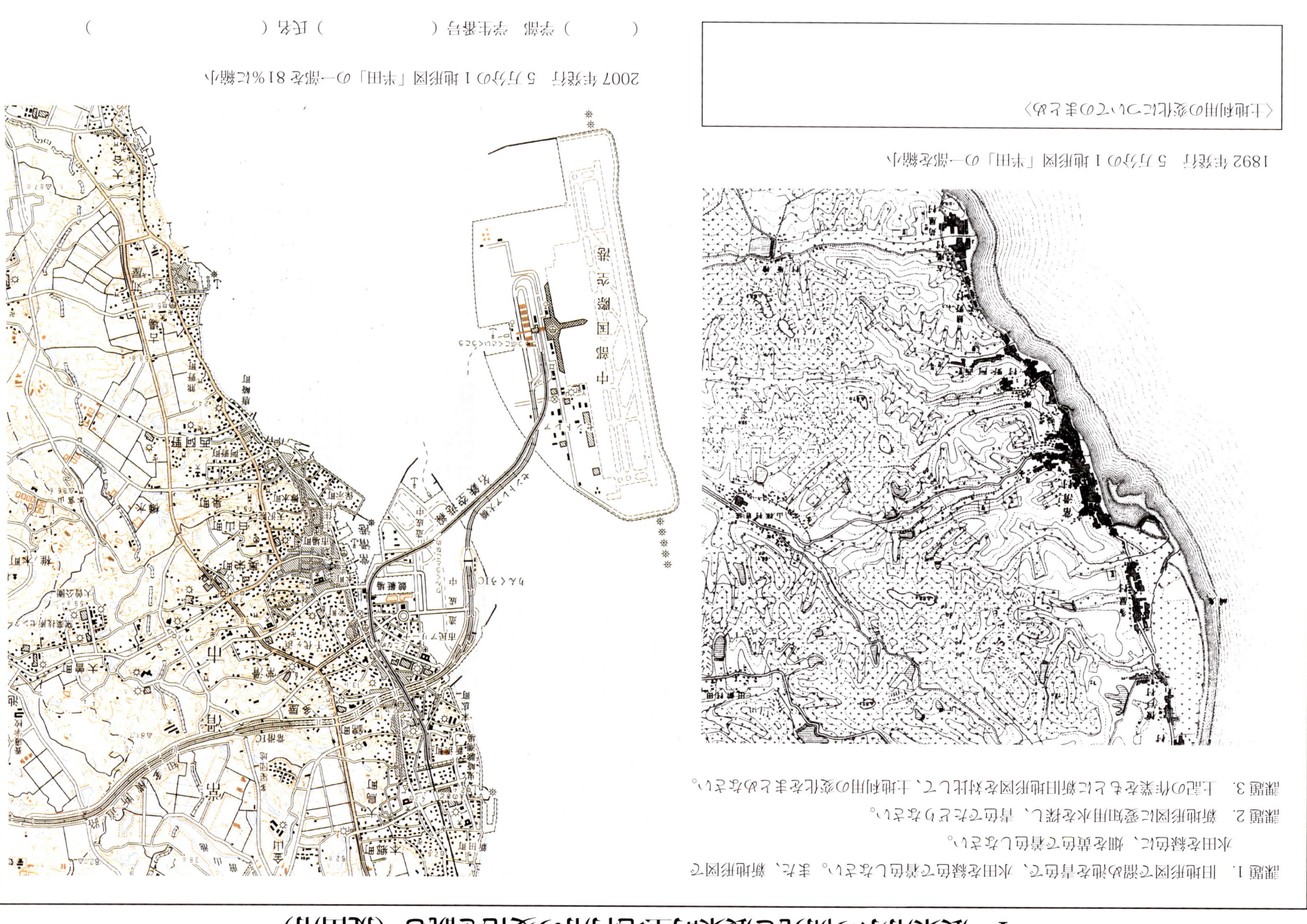

1　農業用水の開発と農業的土地利用の変化を読む

1　知多半島と常滑市
　愛知県知多半島は、名古屋市南部に細長く伊勢湾と三河湾にくの字形に突き出した半島である。その半島の真ん中を第三紀丘陵が貫いている。半島部は高い山も存在せず大河もないため、絶えず水不足に悩む地域であったが、戦後、木曽川から愛知用水が導水され土地利用が大きく変化した。この地域の農業は市場性の高い作物を栽培する園芸農業に特化し、土地利用は都市化の影響で住宅や工業用地となっていった。示した地形図は半島中央西部に位置する常滑市域である。常滑市は、日本の六古窯の一つであり、早くから焼き物の町として有名であった。陶磁器の中では土管や急須が特産となっている。最近市域の地先の伊勢湾に中部国際空港ができた。

2　愛知用水の建設
　この用水は、第二次世界大戦後に知多半島の住民の「木曽川から水を引きたい」という夢を実現したもので、1957年に着工、1961年10月に完工した。木曽川からの水利権がないため、水源は木曽川上流の長野県王滝川に有効貯水量6800万m³の牧尾ダムを築き、木曽川中流の岐阜県兼山に取水口が設けられている。愛知用水は、兼山から尾張丘陵の西端を抜け、知多半島の稜線を南北に縦断する幹線水路112kmの用水路である。国が国土総合開発事業として1955年に愛知用水公団を設立し、愛知県や地元住民も協力して工事に携わった。建設資金は、国際復興開発銀行（世界銀行）からも借り入れられ、総工費423億円により完成した。この用水は、流域の農業用水はもちろん、工業用水、上水道に使用されている。受益地域は都市化が進み、住宅地や工業地区に変化したところが多く、年々農業用水の比率は低下している。

3　用水により園芸農業が増加し施設園芸も
　都市への出荷を目的として、野菜や花卉、果樹・庭木などの栽培を重点的に行う農業を園芸農業という。知多半島は水に恵まれずに、遅れた地域であったが、愛知用水の導入により多彩な、露地・促成・抑制・周年栽培による近郊農業の展開をみた。とくに、ビニールハウスやガラス温室などの施設内で行われる園芸農業も盛んとなり、気温・湿度・日照などを人工的に調節し、野菜・花卉・果樹などを栽培している。このように農業の中でも最も資本集約的な農業が展開されている。

4　セントレア（中部国際空港）
　名古屋の北部に位置した名古屋空港が、利用客や航空貨物の増大により拡張を余儀なくされたが、内陸の市街地に存在したため対応できなくなり、新しい空港の選定がなされ建設されたのが、セントレア（中部国際空港）である。セントレアは、騒音対策の関西空港と同じ海上空港である。ここが選定された主な理由は、常滑沖が知多半島をかたちづくる第三紀丘陵の比較的安定した地盤が浅い海底に存在することであった。また、名古屋駅から名鉄特急で30分という距離であるためでもある。セントレアは日本で初めて民間主導で開発された空港でもある。2005年2月に愛知万博にあわせ開港し、24時間利用が可能となっている。

参考文献
愛知用水土地改良区（2005）：『愛知用水土地改良区誌「研究編」』402p

愛知用水公団・愛知県（1968）：『愛知用水史』741p

伊藤達也（2007）：「知多」『日本地誌7 中部圏』朝倉書店 pp.162-170

加達武夫（1974）：「知多半島」『新しい愛知県地理』大衆書房 pp.142-151

河合克己（2006）：『知多半島歴史読本』新葉館出版 293p

松井貞雄（1969）：「知多半島と愛知用水」『日本地誌12 愛知県・岐阜県』二宮書店 pp.224-234

山野明男（2007）：「愛知用水・豊川用水・明治用水」地図情報 27-2　pp.18-21

2　産業の発展と地形の改変を読む（提出用）

課題1. 次ページに示す新旧それぞれの地形図の等高線を、細く尖らせた赤鉛筆でなぞって強調し、値を確認しなさい。

課題2. 新旧それぞれの地形図に記入された直線に沿って等高線の値を読み取り、下の座標に記入して「断面図」を作成しなさい。

課題3. 課題1〜2の作業結果とインターネットの情報や文献を参考に、大垣市赤坂地区における石灰・大理石産業の発展と地形の改変についてまとめなさい。

〈左の地図＝旧版地形図による断面図　A－B〉

〈左の地図＝旧版地形図による断面図　C－D〉

〈右の地図＝現在の地形図による断面図　A－B〉

〈右の地図＝現在の地形図による断面図　C－D〉

〈まとめ〉

（　　　　）学部　学生番号（　　　　　　　）氏名（　　　　　　　　　　）

2　産業の発展と地形の改変を読む

　岐阜県大垣市赤坂の赤坂山（別名金生山）は、山全体が石灰岩の塊であり、江戸末期には既に大理石細工業者が存在したとされる。その後、明治36年の日本銀行本店、大正時代の国鉄東京駅の建築資材に使われたことから、建築用大理石の供給元としての地位を確立、全国の建築用大理石の需要の殆どを賄うまでになった。また、山口県の秋吉台と並ぶ石灰の大産地ともなったが、かつての坑道掘りが大型重機による露天掘りに代ったことで、地形の改変が一気に進むこととなった。

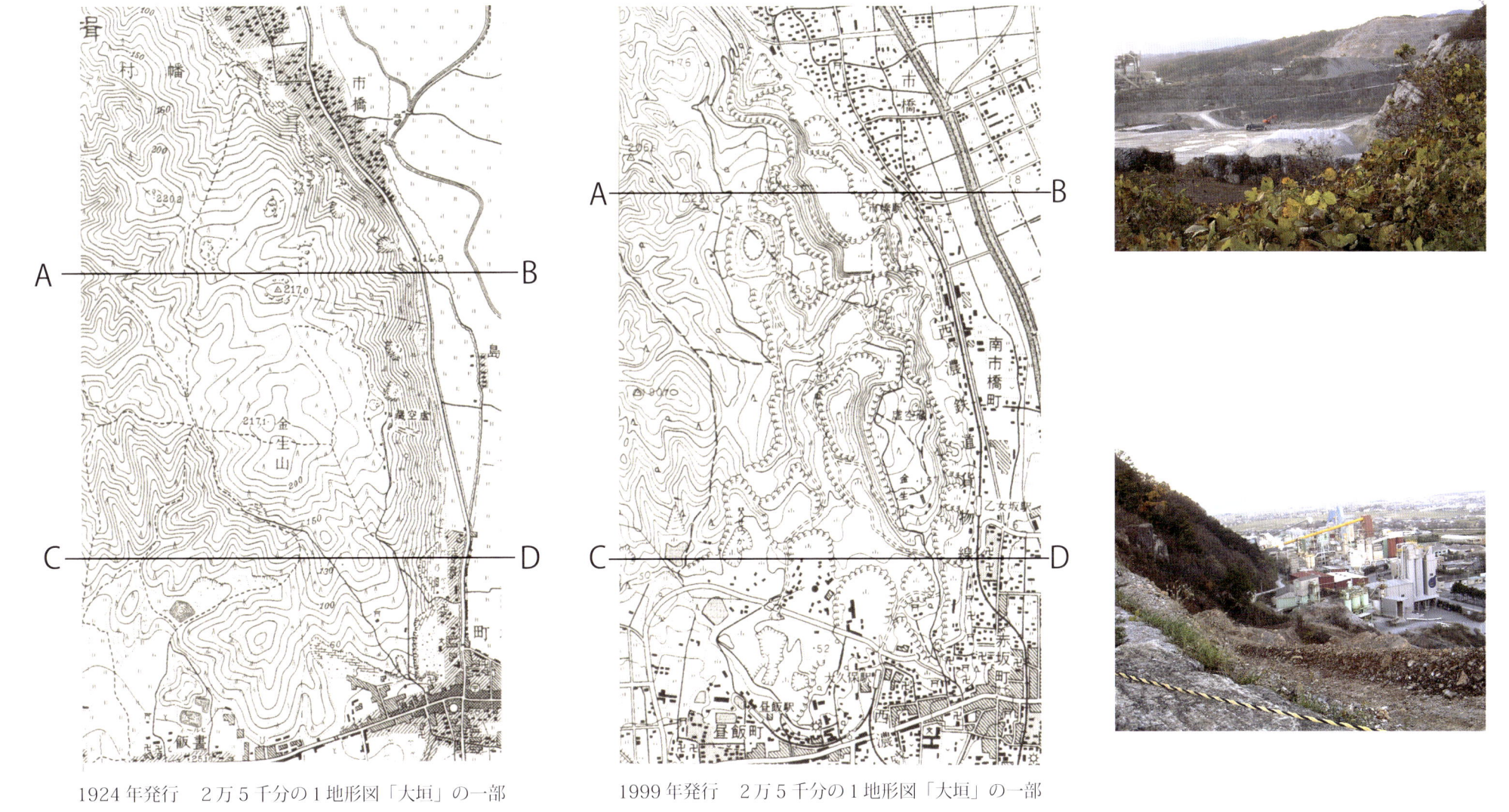

1924年発行　2万5千分の1地形図「大垣」の一部　　　1999年発行　2万5千分の1地形図「大垣」の一部

3 海水採取と地形の変化を調べる（提出用）

課題1．1mm方眼のトレース方眼紙を用意し、そこに次ページの地形図の海岸線、次にその地形図の海岸線を、棒線の位置で合わせて一つの図に重ねて記入しなさい。

課題2．方眼紙上で確認した旧海岸線の間の部分を塗色し、その部分がかつての海面が低くなった時の1mm方眼の数を数えて面積を計測しなさい。茶色した方眼紙は、棒線に合わせて切り抜いて、左の枠内に貼り付けてください。面積計算の結果は右側の欄に記入しなさい。

課題3．茶色した方眼紙は、棒線に合わせて切り抜いて右側の枠内に貼り付けなさい。

〈切り抜かれた海岸の面積を計算する（計算の経過、結果に必ず単位を書くこと）〉

（学籍番号　　　　　　　）氏名（　　　　　　　）

3 治水対策と地形の変化を読む

　新潟平野の治水に大きな役割を果たしたのはいくつかの分水路の建設であり，その最も重要な事例が大河津分水路である。1909年工事開始，3度の地すべりや完工直後の自在堰の陥没事故などの障害を乗り越えて，1931（昭和6）年に完成した。

　大河津分水路の開通によって信濃川の洪水氾濫が解消されるようになったので，新潟平野、特に西部の西蒲原地域の土地改良は急速に進展し，かつての湿地地帯は大規模な水田の展開する近代的農村地帯となった。その一方で、新たに河口が開かれた寺泊町白岩では分水路が運ぶ土砂のため河口にデルタが形成され，陸地が大きく前進した。

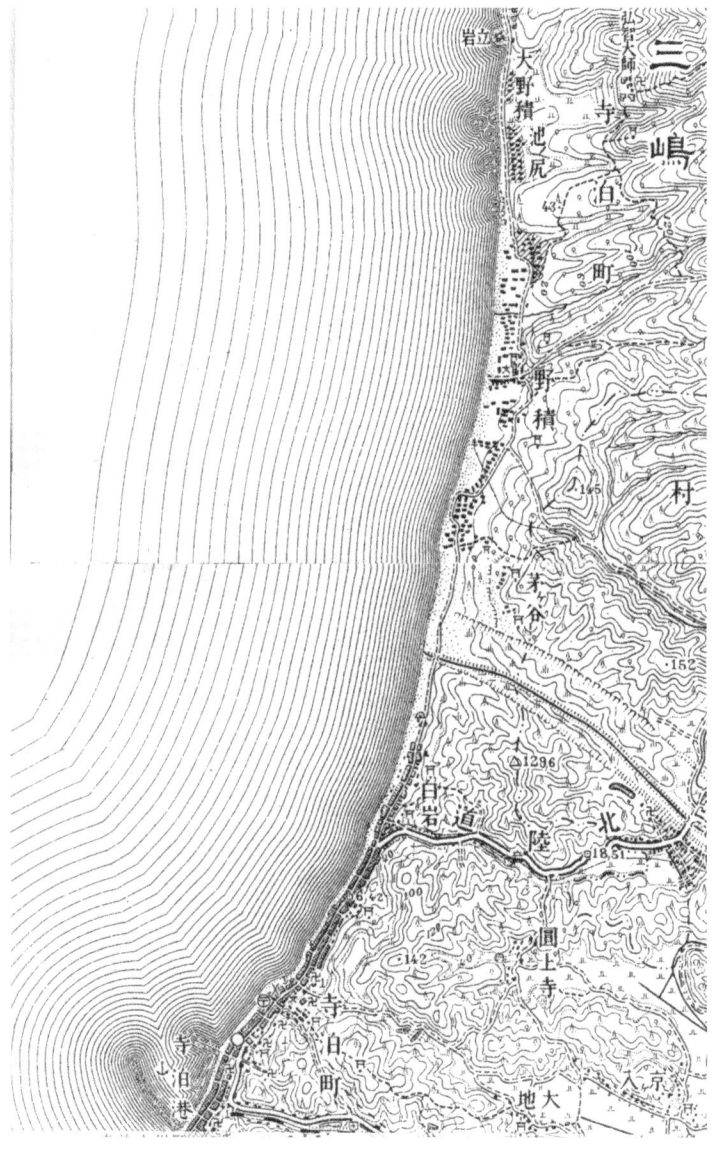

5万分の1地形図「弥彦」(1927)「三条」(1928) の一部

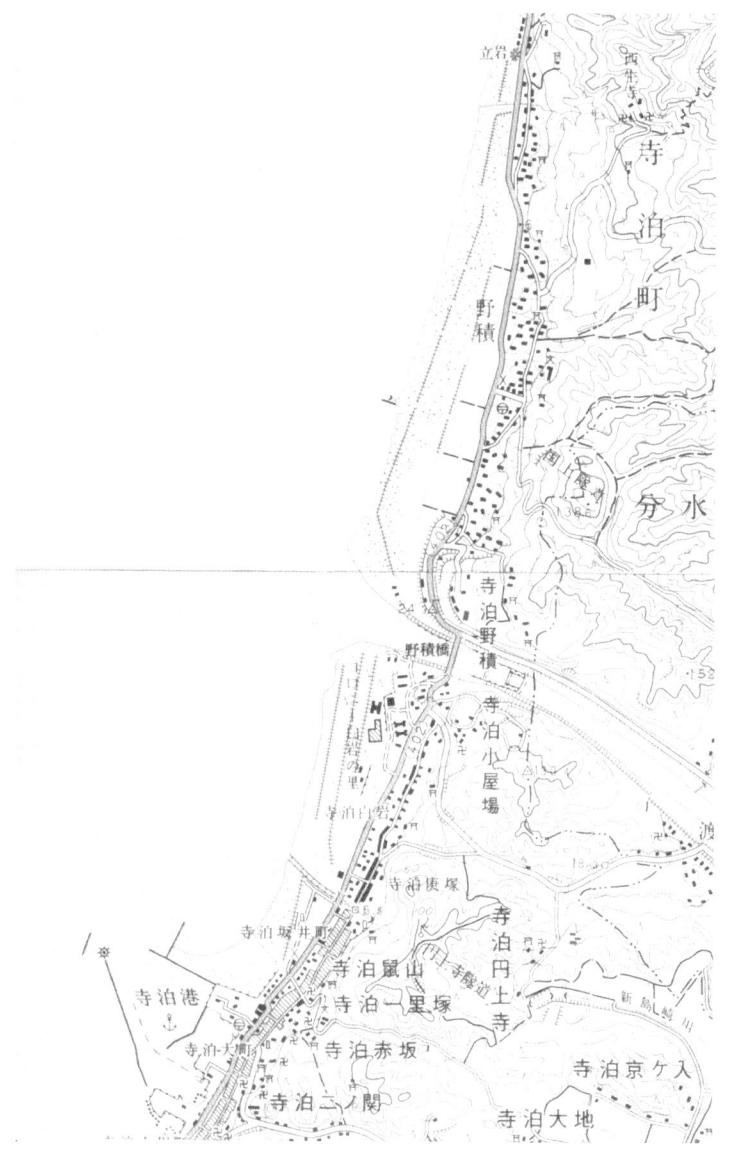

5万分の1地形図「弥彦」(2003)「三条」(2008) の一部

4 ため池の改廃と保全を考える（提出用）

課題1. 2つの地形図の中のため池、河川、水路を着色しなさい。

課題2. 右の地形図では、ため池の数が少なくなっている。左の図でため池であったところは、右の図でどのような土地利用になっているのか。また、ため池が減少した理由についても、考えられることを書きなさい。

2005年発行　2万5千分の1「東二見」の一部

課題3. 2つの地形図を比較して、ため池の減少以外に気がついたことを書きなさい。

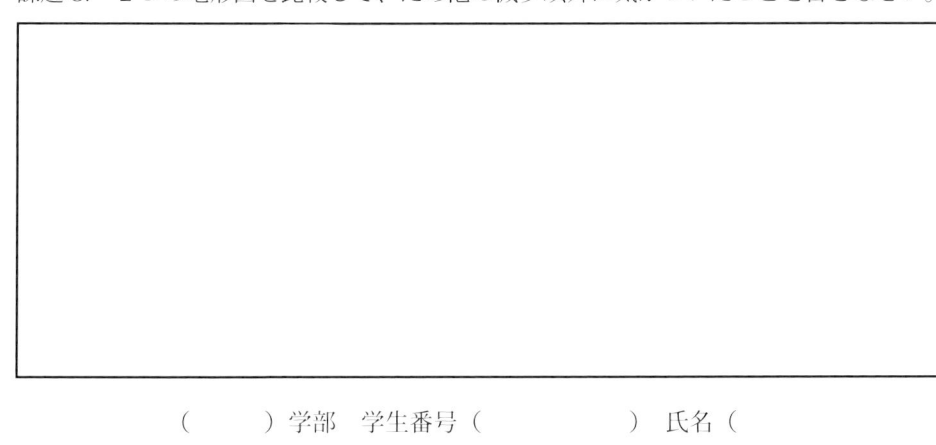

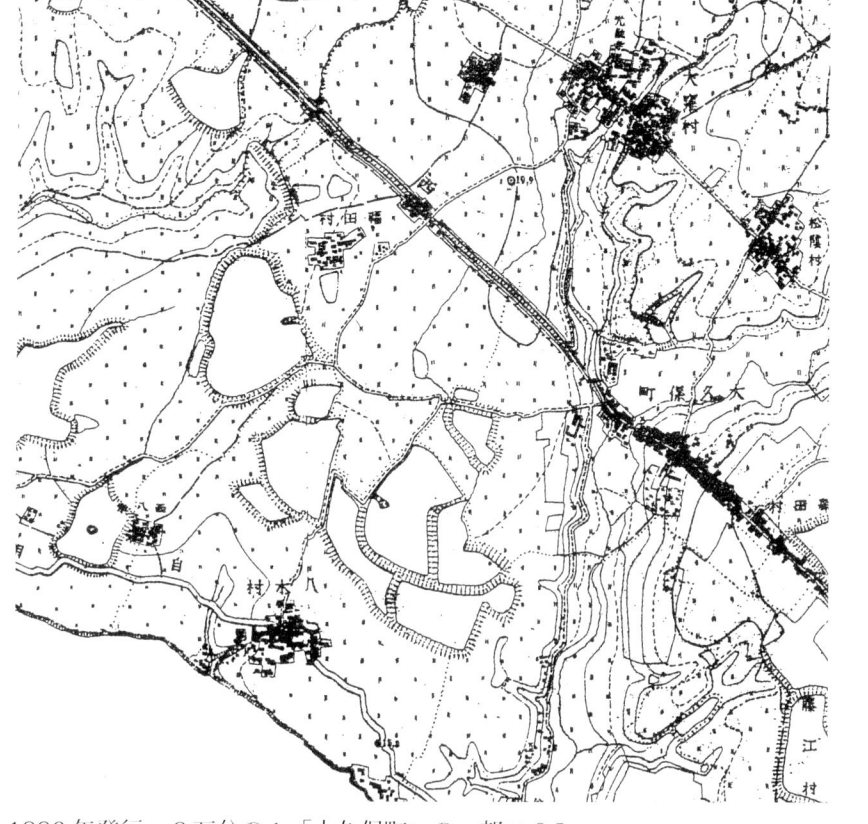

1886年発行　2万分の1「大久保町」の一部×0.8

（　　　）学部　学生番号（　　　　　　　）氏名（　　　　　　）

4　ため池の改廃と保全を考える

1．ため池の役割

　ため池は、大きな河川がなかったり、降水量が少なかったり、地形的に水の利用が難しかったりするなどの理由で、農業用水が得にくい土地で造られる。上の地形図は現在の兵庫県明石市の一部である。明石市を含む瀬戸内海沿岸地域や近畿地域などには、多数のため池が存在する。中でも兵庫県は、全国でもっともため池数が多い県である。

　ため池は水の乏しい地域にあるため、その水の配分には厳重な決まりがある（水利慣行）。たとえば、香川県では渇水になると、灌漑用水を公平に分配するために、一定の長さの線香に点火し、燃え尽きるまでの間だけ水を水田に引き込む、線香水という配水方法を行ったりしていた。

2．ため池の種類

　ため池は谷の出口をせき止めた形式の谷池と、比較的平坦な土地において周囲に堤防を築いた形式の皿池とに分けられる。上の地形図には、いくつもの皿池が見られる。

3．ため池の維持・管理

　ため池の水を使う人々は、共同でため池を維持・管理しているが、都市化や減反政策、あるいは中山間地域においては過疎化・高齢化などにより、維持・管理が難しくなっている。

　しかし、一方で、ため池は多様な生物が生息する場所であったり、人々が憩う水辺空間であったり、文化遺産でもある。その他にもため池がもつ機能はいくつかあるが（多面的機能）、最近では、こうしたため池のもつ様々な機能に着目して、積極的にため池の保全や活用を行っている地域もある。たとえば、兵庫県では、ため池の水を利用する農業者だけでなく、地域の住民も一緒になって、水辺の保全や利用に取り組む「ため池協議会」が組織されている。明石市には2006年現在で、12のため池協議会が活動している。

【参考とさらなる学習のために】

　明石市の降水量を調べ、あなたのすむ地域の降水量と比べてみよう。

　ため池の多い府県はどこか調べてみよう。

　ひようごのため池（兵庫県）　http://web.pref.hyogo.jp/af08_000000016.html

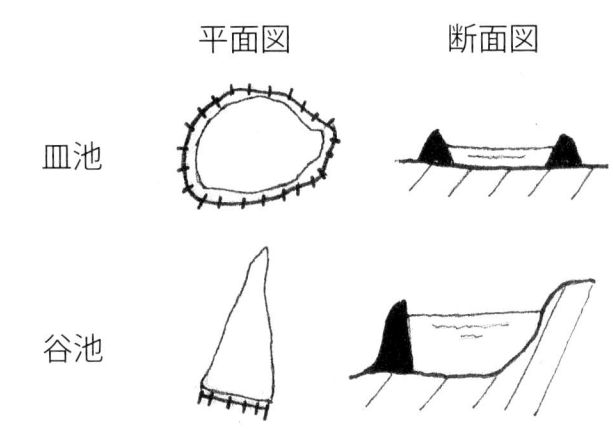

図　ため池の構造

内田和子（2003）：『日本のため池―防災と環境保全―』海青社

内田和子（2008）：『ため池―その多面的機能と活用―』農林統計協会

5　海岸の地形と高潮の関係を読む（提出用）

課題 1.　左の地形図の塩田を着色しなさい。

課題 2.　左の図中に見られる海岸線を右の図に記入しなさい。

課題 3.　右の図中にある公共施設（学校、市役所、警察署、消防署、駅）を○で囲みなさい。

1887 年発行　2 万分の 1「田井村」の一部

1991・94 年発行　2 万 5 千分の 1「宇野」「八浜」の一部× 1.25

課題 4.　設問 1 ～ 3 の作業結果と解説を参考に、2 つの図をよく見て、高潮の浸水の特
色や問題点について述べなさい。

（　　　）学部　学生番号（　　　　　　）氏名（　　　　　　　　　　）

5 海岸の地形と高潮の関係を読む

1．高潮のメカニズムと被害
　高潮とは、台風や強い低気圧にともなう海水面の異常な上昇のことである。上の右の図は、平成16（2004）年8月30日の台風16号による高潮の浸水状況を表している。この高潮により、宇野港では、観測史上最大の潮位2.55 m（T.P.）を観測した。
T.P.　東京湾の平均海面

2．海岸沿いの平野に見られる地形
　海岸沿いの低地には、河川が河口付近に土砂を堆積させて形成する三角州や陸地に沿った海底の一部が海面上に現れて形成された海岸平野などの、海の作用を受けている地形がある。その他、海水を排水して、浅い海底を陸化させた干拓地、浅い海底を埋め立てた埋立地、海水を蒸発させて塩を採る塩田もみられる。これらの土地は、標高が低く、海の影響をうけているため、高潮や津波による被害を受けやすい。

3．瀬戸内の塩業
　降水量が少なく、晴天の多い瀬戸内海沿岸地域では、製塩がさかんに行われた。現在の岡山県でも、近世から南部の沿岸地域に多くの塩田があった。特に、現在の倉敷市児島を中心にして、宇野港から玉野市番田に至る児島半島沿岸では、後に、日本の塩田王と呼ばれた野崎武左衛門が多くの塩田を開いた。当時の岡山の塩田は、入浜式塩田であった（兵庫県立赤穂海浜公園には、復元した塩田がある。）

4．宇野港の歴史と役割
　明治42（1909）年に開港した宇野港は、翌明治43（1910）年に岡山と宇野間を結ぶ旧国鉄宇野線（現在のJR西日本宇野線）の開通とあわせ、本州と四国を結ぶ宇高連絡船の拠点として発展した。昭和63（1988）年に瀬戸大橋が開通して、宇高連絡船は廃止されたが、宇野港は高松、小豆島、直島などへのフェリーの発着港として重要視され、鉄鉱石、木材、砂糖などを扱う外貿港としての役割も果たしている。

【参考とさらなる学習のために】
　製塩の歴史や岡山県の干拓について調べてみよう。
　これまでの主な高潮被害について調べてみよう。
　高潮災害とその対応～高潮による災害を未然に防ぐために～（気象庁）、
　　http://www.data.kishou.go.jp/kaiyou/shindan/etc/books/pamp_takasio/pamp_takashio.html
　「水害地形分類図は予見した」、中村和郎（2005）『地図からの発想』古今書院　pp40-41.
　「環境の変化と高潮災害」、高橋伸夫・内田和子・岡本耕平・佐藤哲夫（2005）『現代地理学入門』古今書院　pp22-27.

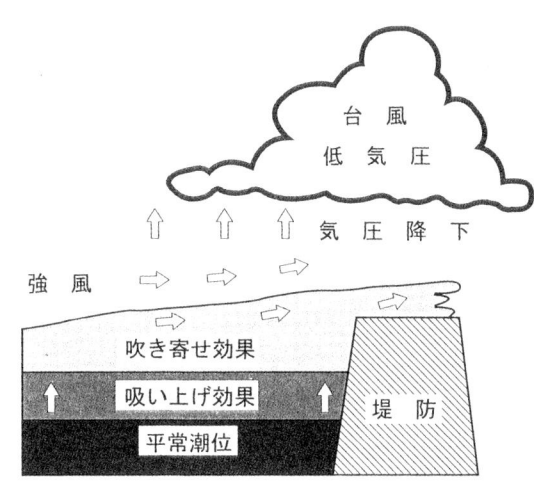

図　高潮発生のしくみ（気象庁HPより作成）

6 水系図をつくる（提出用）

課題1. 図5で、白倉又谷の水系図を作成しなさい。白倉又谷の流域は太い破線で示している。なお、流域の南東部（図中点線の範囲内）については、すでに水系図を完成させているので、参考にすること。

課題2. 課題1で作成した白倉又谷の谷線（すでに描き込まれている谷線も含めて）を1次谷、2次谷、3次谷…等に分類し、次に示す色を参考に色分けしてみよう。

課題3. 色分けが終わったら、各次谷ごとに数えあげてみよう。

1次谷　青（　　　）本

2次谷　緑（　　　）本

3次谷　黄（　　　）本

4次谷　赤（　　　）本

課題4. 数えあげた各次谷ごとの数を、図6に記入しなさい。このグラフは、縦軸が対数目盛になっている片対数グラフである。極端に値の大小があるときに用いられることが多い。太線の目盛りが1つ上がると、10倍になることに注意しよう。

図6　次数ごとの谷数

（　　　）学部　学生番号（　　　　　　）氏名（　　　　　　　　）

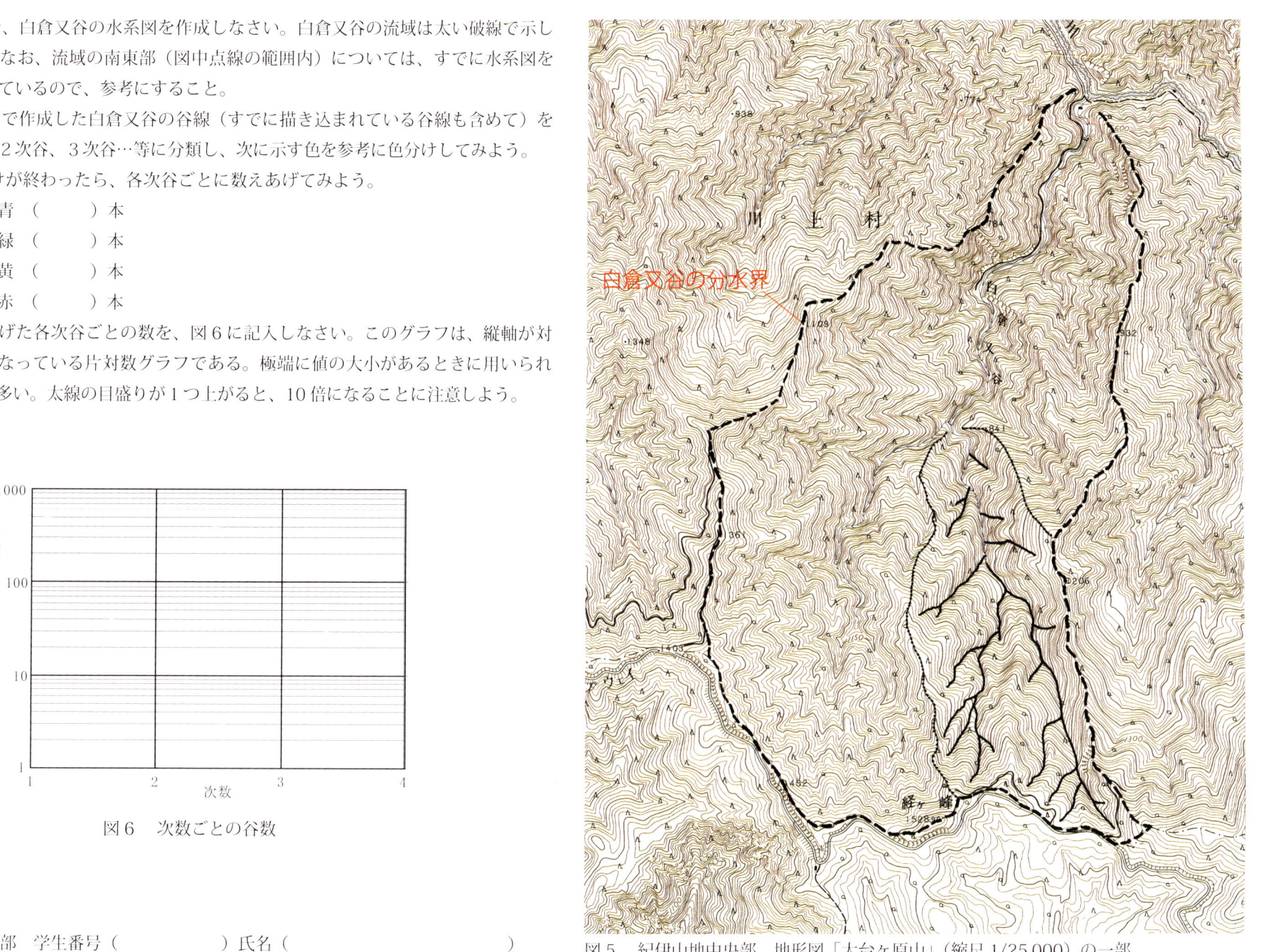

図5　紀伊山地中央部　地形図「大台ヶ原山」（縮尺 1/25,000）の一部

6 水系図をつくる

　河川は水源から河口まで、1本の線で描けるものではない。多くの流路が合流しながら、次第に大きな河川となる。その様子を空から見ると、樹の枝のような形態をしている。地形図等から流路の部分だけを取り出した樹枝状のものを水系図とよんでいる。ここでは水系図について考えてみよう。

　雨水は傾斜にしたがって、高い方から低い方へ流れていくが、河川によって排水される区域を流域とよんでいる。図1のように、雨水がC川に流れ込む範囲が、C川の流域となる。流域のことを集水域ということもある。また流域と流域の境界を分水界という。

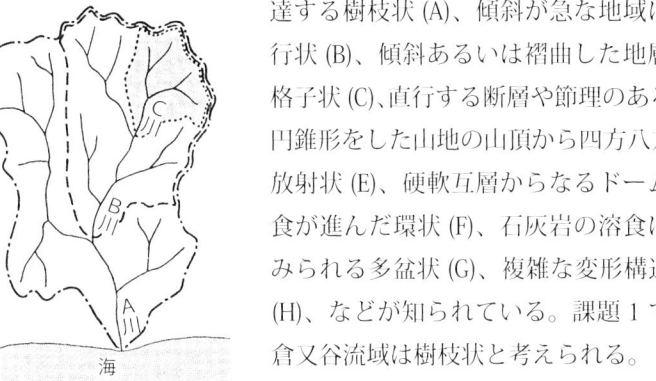

図1　河川の流域と分水界（阪口ほか 1996）

1．水系図の作成

　地形図には、水系が青色で描かれている。平水時、河川の幅が5m以上あるものは2本の線で描かれる（二条河川）。また1.5～5mまでの河川は1本の線で表示されている。しかし水系図を描くためには、地形図に示された青色の河川だけを取り出しても、細かな情報を取り出すには不十分である。そこで、常時水が流れていないような谷にも線（谷線）を引いてやる必要がある。

　地形図で谷を拾う作業をするには、谷をどう定義するかが問題となる。これには色々な考え方があるが、ここでは作業の簡便さを考慮して、等高線の切れ込み部分の角度が90度より狭いものに谷線を入れることにする。最上流部で等高線が90度以上に開いている凹みには谷線を入れないようにする（図2）。

図2　谷線の記入

2．河系パターン

　各地で水系図を作成すると、色々な水系の模様があることが分かる。これは、地表の地形・地質の性質や河川による侵食作用の違いを反映したものである。水系の平面的分布をみると、図3に示すようにいくつかの河系パターンに区分される。地質が均質な地域に発達する樹枝状(A)、傾斜が急な地域にみられる平行状(B)、傾斜あるいは褶曲した地層にみられる格子状(C)、直行する断層や節理のある短冊状(D)、円錐形をした山地の山頂から四方八方に流れ出る放射状(E)、硬軟互層からなるドーム型地形の侵食が進んだ環状(F)、石灰岩の溶食による凹地がみられる多盆状(G)、複雑な変形構造のある地域(H)、などが知られている。課題1で作成する白倉又谷流域は樹枝状と考えられる。

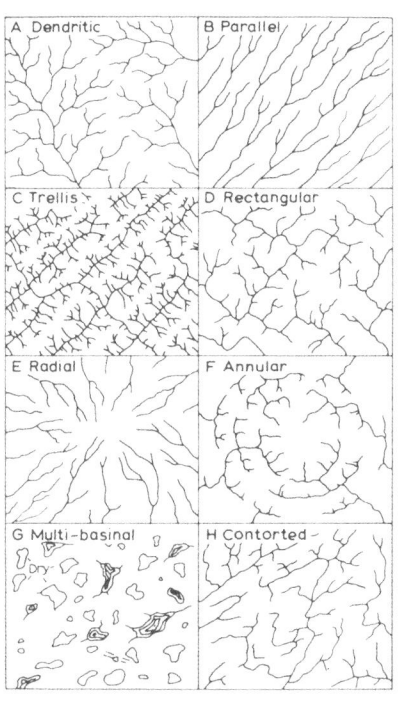

図3　河系パターン（Chorleyほか 1984）

3．水系次数区分

　Strahler（1952）にしたがって、水系次数区分をおこなう（課題2）。図4で示したように、最上流の谷を1次谷とする。そして1次谷と1次谷が合流すれば、2次谷とする。さらに2次谷と2次谷が合流すれば3次谷になる。つまり同じ次数の谷同士が合流すれば、次数が1つ上がることになる。異なる次数の谷が合流しても、次数は上がらない。3次谷に2次谷が合流しても3次谷のままである。

　次に、水系区分した谷を数え上げ、片対数グラフに記入してみよう（課題3、4）。

　対数グラフに描くと、ほぼ直線になることが分かるだろうか。これは $y = a^{bx+c}$（aは正の定数、b、cは定数）の関係が成り立つことを示している。つまり、谷の分岐比はほぼ一定といえる。分岐比は流域内の地質や気候、水系の発達段階が一様であれば、一定の値を示すといわれている。次数が減少するにしたがって、谷数は等比級数的に増加するので、片対数グラフでは、直線になるのだ。これをホートンの第1法則とよんでいる。

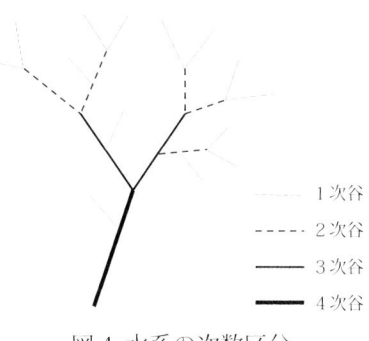

図4　水系の次数区分

7　断面図をつくる（提出用）

課題 1.　グラフ用紙に地形断面図を作成する。

　　　①別紙に下記を参考に表を作成する。

　　　②地形図内の断面線「A-B 線」と等高線との交点の標高を読み取る。

　　　③A 地点からの図上距離（cm）を x 座標、標高（m）を y 座標とし、表に書き込む。

　　　④グラフ用紙に書き出す。

　　　＊図上距離×縮尺÷100 を記入

A 地点からの図上距離（cm）	0	0.2	0.4	0.6		
A 地点からの実距離（m）＊	0	50	100	150		
標高（m）	0	20	40	60		

課題 2.　Excel を使用して地形断面図を作成する。

　　　① Excel シートに「A 地点からの図上距離」「A 地点からの実距離」「標高」の欄を作成

　　　②課題 1 で作成した表を参照し、データを入力する。A 地点からの図上距離は計測したとおりの距離（cm）で入力し、A 地点からの実距離は計測した距離（cm）× 500 で「m」に変換する。標高は各ポイントの標高をそのまま（m）入力する。

　　　③グラフウィザードより断面図を作成してプリントアウトする。A 地点からの実距離と標高を記入した部分を範囲指定し、グラフウィザードをたちあげる。使用グラフは折れ線もしくは面。項目軸ラベルの範囲は A 地点からの実距離を選択。データ範囲は標高。グラフタイトル、x 軸タイトル、y 軸タイトル等を記入する。

課題 3.　必要に応じて使用しやすいレイアウトに編集を行う。

課題 4.　右側の地形図で上と同様に断面図を作成し、地形と土地利用の関係を考察する。
　　　なお、縮尺は 2.5 万分のなので、実距離に変換の時は× 250 とする。

地形と土地利用について考察を書く

（　　　　　　　　　）学部　学生番号（　　　　　　　　　）氏名（　　　　　　　）

7　断面図をつくる

　地形の立体的な把握をするために地形図の等高線を読み取り、断面図を作成する。併せて、地形と土地利用の関係を考察する。

　開聞岳は薩摩半島最南端に位置し、阿多カルデラに含まれる秀麗な円錐状火山である。その形状から「薩摩富士」とも言われ、日本百名山の一つである。

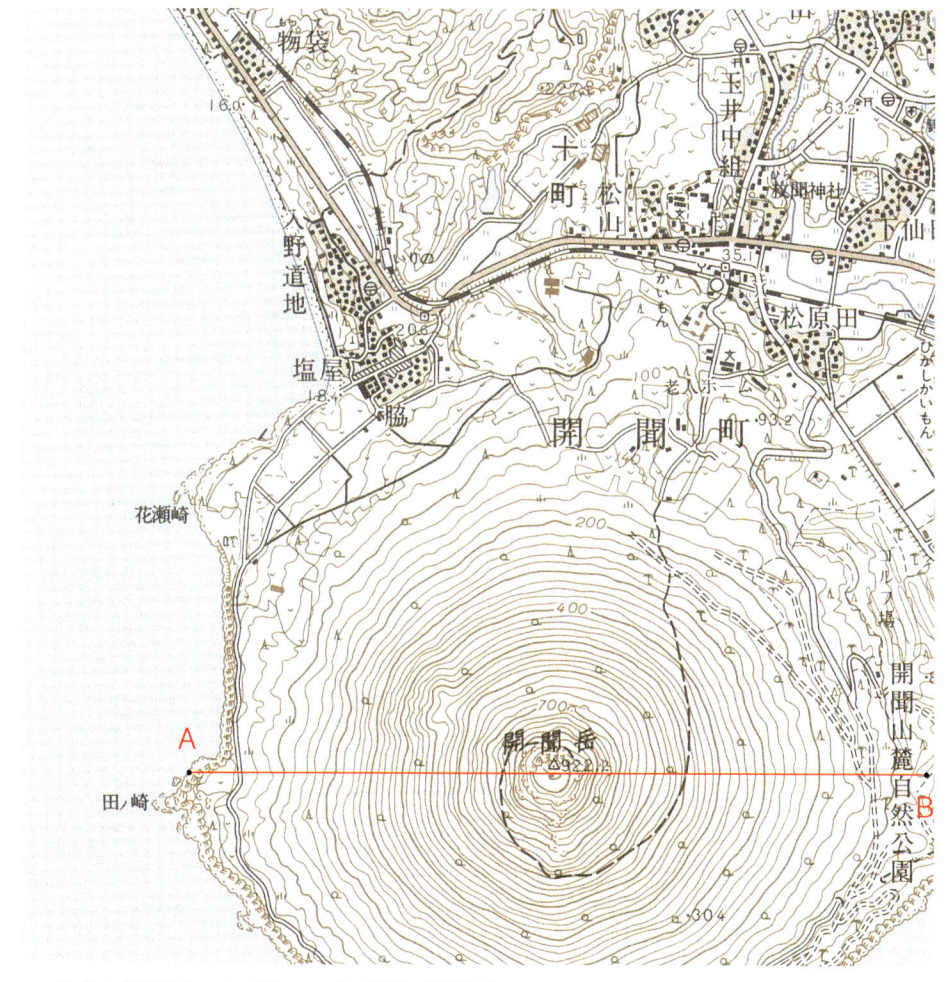

平成8年発行　5万分の1地形図「開聞岳」

平成15年発行　2.5万分の1地形図「開聞岳」

参考文献

的場貴之・野間晴雄（2007）：デジタル地形断面図作成から景観理解への導き－地理教育のデジタル化におけるアナログの重要性－．2007年度 日本地理教育学会大会 発表要旨集．74

小林岳人．地理学・地理教育のページ．http://homepage2.nifty.com/taketo-kobayashi/（最終閲覧日2007年5月25日）

8 等高線からブロックダイアグラムをつくる（提出用）

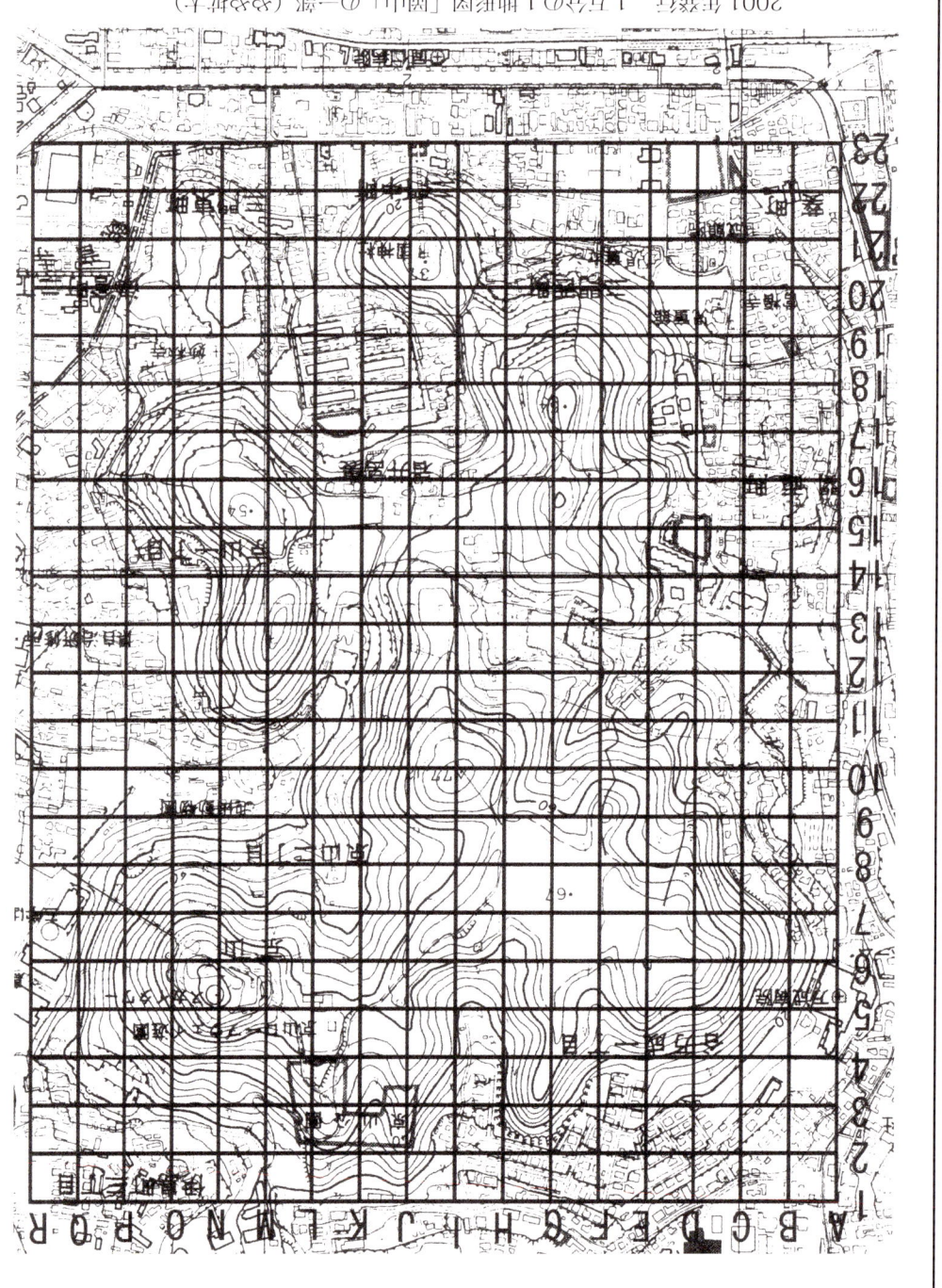

2001年発行：1/5万の1地形図「岡山」の一部（やや縮小）

課題1．上の地形図のA～R、1～23の各交点の標高を読み取り、その値を下の表に記入しなさい。（注：太線が上に等高線があるとは限らないので、その値は等高線の間の副次的に記される等高線を読み取る。この作業では、周辺部の建物のある場所が標高が低くわかりにくい部分に関しては、標高を0 mとして扱ってください。

課題2．右の表の内容をExcelに入れ、ブロックダイアグラムを作成しなさい。

答：氏名（　　　　　）学生番号（　　　）答欄（　　　）

	1	2	3	4	5	6	7	8	9	10	11	12	13	14	15	16	17	18	19	20	21	22	23
A																							
B																							
C																							
D																							
E																							
F																							
G																							
H																							
I																							
J																							
K																							
L																							
M																							
N																							
O																							
P																							
Q																							
R																							

8 標高値からブロックダイヤグラムをつくる

1. 地形図の種類と等高線

国土地理院の発行している地形図には、5万分の1、2万5千分の1、1万分の1の3つがある。それぞれの等高線間隔は右の表のとおりである。また、国土地理院では地形図のほかに、2500分の1や5000分の1の国土基本図、20万分の1の地勢図、50万分の1の地方図などを発行している。

表1 等高線の間隔

種類＼縮尺	1：50000	1：25000	1：10000
計曲線	100 m	50 m	平地・丘陵 10 m 山地 20 m
主曲線	20	10	平地・丘陵 2 山地 4
第1次補助曲線	10	5、2.5注	平地・丘陵 1 山地 2
第2次補助曲線	5		

注　2.5 mの補助曲線には数字が記入されている

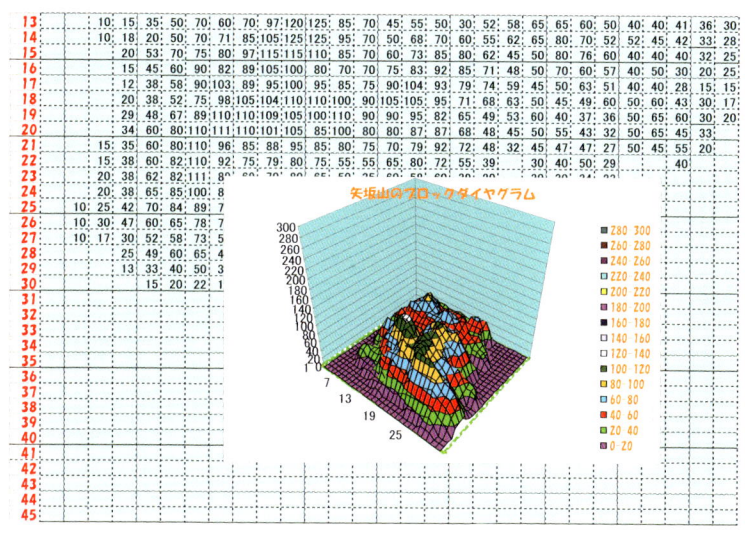

図1　ブロックダイヤグラムの例

2．Excelでブロックダイヤグラムを作成する方法

① 前ページの右の表の数値を入力する。（上側のA～R、左側の1～23も入力する）
② 入力した全範囲を指定→挿入→グラフ→等高線　の順でグラフを作成する。
③ グラフウィザード－3／4　でZ／数値軸に単位「m」を入力する。
④ グラフウィザード－4／4　で「新しいワークシート」を選択し、「完了」する。
⑤ このままでは標高（Z軸）が強調されているので、グラフのZ軸の数値を右クリック→数値の書式設定→「最大値」に現在より大きな数値を入力する。
⑥ グラフの任意の部分を右クリック→「3－Dグラフ」→「仰角」「奥行き」「回転」を操作して見やすいグラフにする。
⑦ グラフ内に「テキストボックス」で「学部・学生番号・氏名」およびどの方向から描いたものかを記入する。例：「北東方向から」　グラフ内のXY軸をみて、A1が北西、R1が北東、A23が南西、R23が南東となっている。
⑧ グラフをプリントアウトする。
ブロックダイヤグラムを作成すると図1のようなイメージのものができる。

3．等高線から何がわかるか

図2のように頂上から見て、凸状になっているところが尾根であり、凹状になっているところが谷である。その他に等高線の間隔が狭ければ急傾斜、広ければ緩傾斜である。

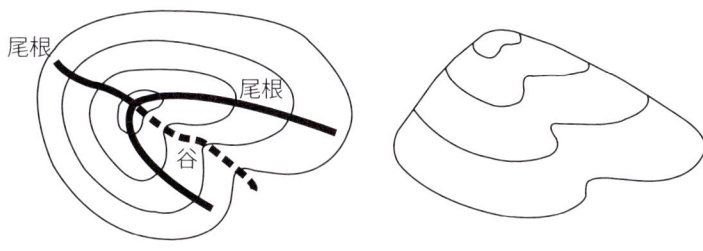

図2　尾根と谷

位置情報に標高を示す情報が加われば、ブロックダイヤグラムを作成することでき、それによって、立体的な地形がイメージしやすくなる。

入手しやすい地理情報システム（GIS）ソフトとして、「カシミール3D」がある。それに国土地理院発行の「数値地図50mメッシュ（標高）」があれば、鳥瞰図や断面図を作成することができる。下記の書籍などのシリーズには、フリーソフトのカシミール3Dのほかに標高データなどが含まれている。

参考文献

杉本 智彦（2002）：『カシミール3D入門—山と風景を楽しむ地図ナビゲータ』　実業之日本社

9　土地利用図をつくる（提出用）

課題 1.　次ページの地形図の等高線（太い線＝計曲線）を、細く尖らせた鉛筆等でなぞっ
　　　　て強調し、地区ごとの標高の値を確認しなさい。

課題 2.　地形図上の土地利用・土地被覆を、右に示す凡例に従って硬質の色鉛筆で塗り
　　　　分けなさい。下が見えなくならないよう薄く塗ること。

課題 3.　地形図の上に 5 ミリ間隔の格子線を記入しなさい。下が見えなくならないよう
　　　　細い線で引くこと。記入した格子線＝メッシュを利用して土地利用・土地被覆の
　　　　種類別の面積を計算し、下の欄に結果を記入しなさい。

課題 5.　1 ～ 3 の作業結果から、土地利用・土地被覆と地形の関係について考え、結果
　　　　をまとめなさい。

	田	
	畑・牧草地	
	果樹園	
	桑畑	
	広葉樹林	
	針葉樹林	
	竹林	
	荒れ地	

〈5 ミリ方眼の個々のセルについて、最大面積を占める土地利用・土地被覆で区分してセル数を集計し、単位面積を乗じて種類別の総面積を計測しなさい〉

＊（この地図では、図上の 5 ミリは 125 メートルに相当する）

〈土地利用・土地被覆の塗り分けと等高線をよく判読し、土地利用・土地被覆の種類が標高によってどのように変化しているか観察せよ〉

（　　　　　　　　　）学部　学生番号（　　　　　　　　）氏名（　　　　　　　　　　）

9　土地利用図をつくる

2万5千分の1地形図「小淵沢」(1990年発行)の一部

10　ハイサーグラフの作成（提出用）

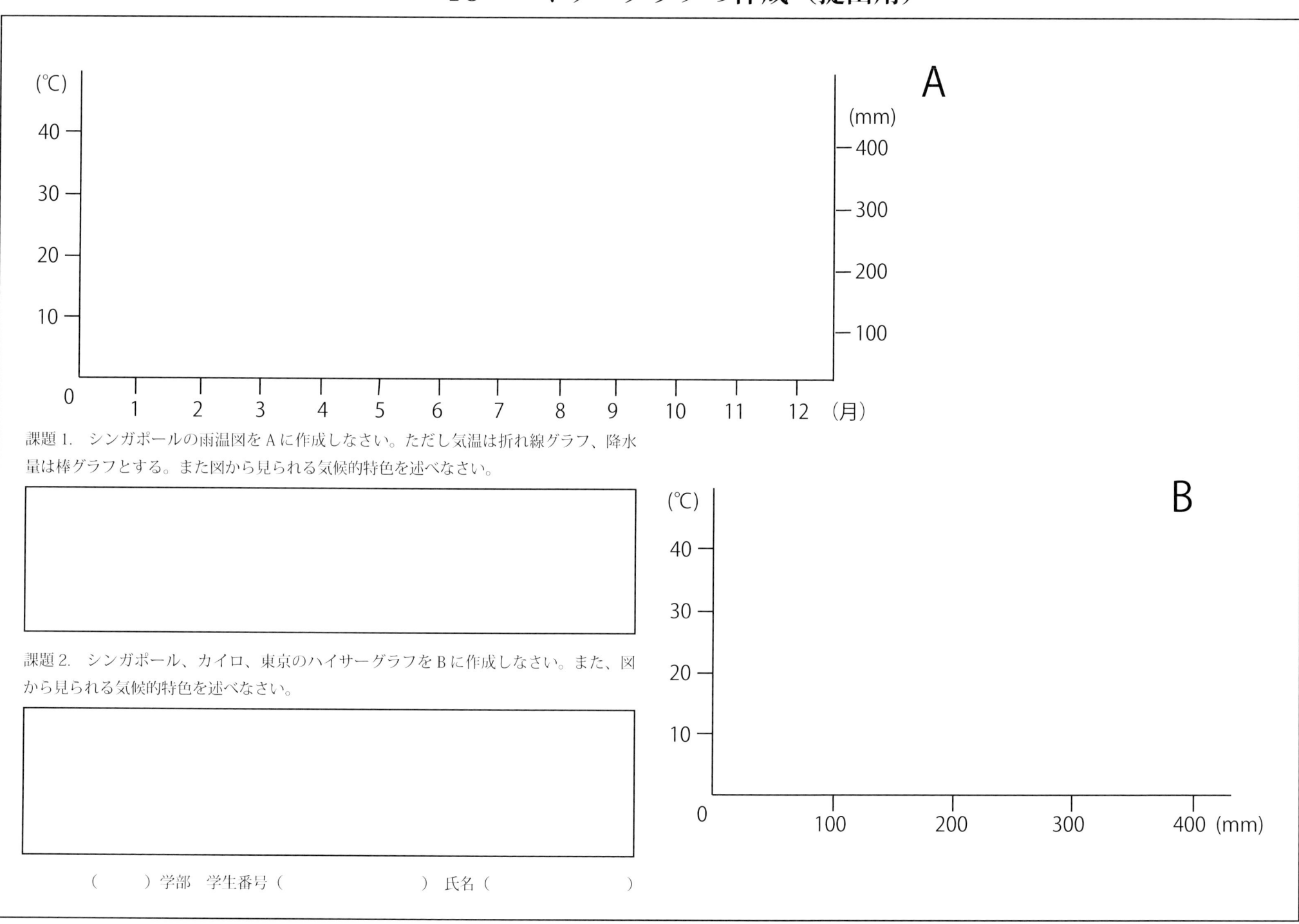

課題 1.　シンガポールの雨温図を A に作成しなさい。ただし気温は折れ線グラフ、降水量は棒グラフとする。また図から見られる気候的特色を述べなさい。

課題 2.　シンガポール、カイロ、東京のハイサーグラフを B に作成しなさい。また、図から見られる気候的特色を述べなさい。

（　　　）学部　学生番号（　　　　　　　　　）氏名（　　　　　　　　　）

10 ハイサーグラフの作成

われわれ人類は、北極や南極あるいはタクラマカン砂漠などのアネクメーネ（非居住地域）と呼ばれる場所を除き、いたるところに分布・居住している。これらのエクメーネ（居住地域）は、それぞれ自然環境が異なるなかでも、気候は地形などと同様にあるいはそれ以上に、直接人類の生活に大きな影響を与える。

各地の気候の特色を表すには、気温を示す曲線（折れ線）グラフ、降水量を示す棒グラフ、これら両者すなわち気温と降水量を同時に示す雨温図などが一般的である。そのほかに、ハイサーグラフと称されるグラフも存在する。

ハイサーグラフの特色としては、次の三点がある。
(1) その図形の形から直接的に各地の気候の特色が理解できる。
(2) 気候のタイプ分けが容易で、各地点相互の気候比較にきわめて便利である。
(3) 北半球および南半球でもグラフの形が同じように示される。

なお、ハイサーグラフと類似するグラフとしてクライモグラフがある。クライモグラフは横軸に相対湿度、縦軸に湿球温度をとり作成される。しかし相対湿度、湿球温度は気候表に記載されている場合が少なく、実用に不便である。このクライモグラフを改良したのがハイサーグラフである。

1. ハイサーグラフの作成の仕方

横軸に降水量（mm）、縦軸に気温（℃）をとる。世界各地の主要都市に関するこれらの数値は気候表に記載されているので、たやすく入手できる。そして月々の気温、降水量をプロットしながらつなげて作成する。ポイントは1月から2月というように、順をおってつなげる点であり、最後に12月と1月とをつなげる。

2. ハイサーグラフの見方

次の三点に留意して特徴をつかんでみる。
(1) グラフが横に長くなると雨季と乾季の差が大である。縦長になれば気温の年較差が大となる。
(2) グラフが右上がりであれば高温多湿、左上がりであれば高温乾燥である。右下がりであれば低温多雨、左下がりであれば低温乾燥をそれぞれ示す。
(3) グラフの7月、8月が他の月と比べて高温なら北半球、低温なら南半球のものである。

表 各地の月平均気温・降水量

観測地点（標高）	緯度／経度	1月	2月	3月	4月	5月	6月	7月	8月	9月	10月	11月	12月	全年
シンガポール（5m）	1°22′N	26.4	27.0	27.5	27.9	28.2	**28.3**	27.9	27.7	27.6	27.5	26.9	**26.3**	27.4
	103°59′E	184.8	120.2	138.1	122.9	170.4	137.0	159.8	156.3	191.4	134.1	272.5	299.8	2087.1
カイロ（64m）	30°08′N	**14.0**	15.2	17.6	21.8	24.7	27.4	**28.0**	27.9	26.4	24.0	19.1	15.0	21.8
	31°24′E	5.3	4.3	5.2	1.4	0.2	0.0	0.0	0.0	0.0	0.2	2.7	7.3	26.7
東京（6.1m）	35°41′N	**5.8**	6.1	8.9	14.4	18.7	21.8	25.4	**27.1**	23.5	18.2	13.0	8.4	15.9
	139°46′E	48.6	60.2	114.5	130.3	128.0	164.9	161.5	155.1	**208.5**	163.1	92.5	39.6	1466.8

注 上段は月平均気温（℃）、下段は月降水量（mm）太字は最高。出典は理科年表2006による。

11 内陸と海洋の気候を比較する（提出用）

与那国島のハイサーグラフを貼り付ける

北海道旭川市のハイサーグラフを貼り付ける

長野県松本市のハイサーグラフを貼り付ける

課題4. 1.～3.の課題にもとづいて地域の気候の地理的相違を述べなさい。

課題1 与那国島における気候グラフを作成しよう。

課題2 複数のグラフから比較を行う。北海道旭川市、長野県松本市のハイサーグラフを作成しなさい。

課題3. 与那国島と、旭川市、松本市のハイサーグラフを比較して、3地域の気候の地理的相違を述べ、その結果をグラフとともに提出しなさい。この場合、複数のハイサーグラフを重ねた図を作成すると比較しやすい。重ねる図を選択し、右クリック［コピー］、重ねられる図をアクティブにしておき、右クリック［貼り付け］をするとよい。

（　　　　　　　　）学部　学生番号（　　　　　　　　）氏名（　　　　　　　　）

11 内陸と海洋の気候を比較する

1. ハイサーグラフ作成

地域の気候の特徴を把握するために気象庁の平年データよりハイサーグラフを作成する。

手順1 データを探す

（1）か（2）の方法で気象庁の「過去の気象データ検索」のページにアクセスする。

（1）気象庁ホームページ（http://www.jma.go.jp/jma/index.html）にアクセスする。
ホーム＞気象統計情報＞過去の気象データ検索

（2）アドレスを入力してダイレクトにアクセスする。
http://www.data.jma.go.jp/obd/stats/etrn/index.php

手順2．このページから、下記の順にたどって必要な地点を検索する。
都道府県支庁を選択＞地図上の必要な都道府県をクリック＞都道府県の地図から地点を選択

手順3 沖縄県与那国島のデータを取り込む

①沖縄県（地図）＞与那国島（地図）と選択。
②与那国に関する項目が表示される。
③［各地の気温、降水量、風など］（既定値の）タブを選ぶ。
④このタブ画面右よりの［年・月ごとの平年値を表示］クリックする。
⑤気候データの表が表示されるので、表の上で右クリックする
⑥プルダウンメニューから、［Microsoft Excel にエクスポート］をクリックする。
⑦自動的に Book1 というエクセルファイルが表示される。（ここでいったん、適当なファイル名で保存しておくとよい）

手順4 エクセルを使ってハイサーグラフを作成する。
①与那国島の気温を縦軸に、降水量を横軸にしてハイサーグラフを作成する。
②気温と降水量の範囲指定し、メニューバーの［挿入］＞［グラフ］グラフウィザードを立ち上げる。

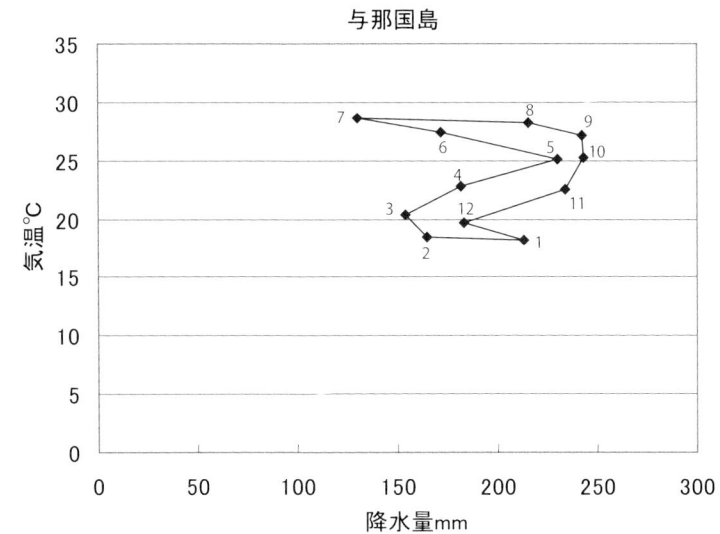

③グラフの種類は散布図を選択し、表示されるグラフの内、「データ ポイントを折れ線でつないだ散布図」を選択し、［次へ］をクリック。

④次の画面でデータの系列方向が列になっていることを確認し、［次へ］をクリック。

⑤グラフタイトルは与那国島、X 数値軸に降水量、Y 数値軸に気温を入力し、［完了］をクリック。

⑥グラフをクリックし、縦横比を適宜調整する。印刷して月の名称（1、2、‥‥、12）を書き加える。

〈参考になるサイト〉

慶應義塾高等学校 地学教室 http://earth.hc.keio.ac.jp/Jissyu/36.txt

12　国勢調査を利用した人口ピラミッドの作成（提出用）

課題1.　左の男女別年齢別人口構成の統計をもとに中央の人口ピラミッドを作成しなさ
　　　い。（表計算ソフトを利用して作成したものを添付してもよい。）

課題2.　中央の人口ピラミッドに関して、右のレポートを作成しなさい。（次の頁の2を
　　　参照）

人口ピラミッドについてレポート
左の図の作成した人口ピラミッドについて
① グラフから読み取ることのできる特徴

② それぞれの特徴の原因・要因

③ 意見、提言

表1　年齢別・男女別人口構成（2005年国勢調査）

年齢	男	女	年齢	男	女	年齢	男	女
0	539,668	517,132	40	882,923	870,861	80	339,083	519,961
1	557,804	533,512	41	827,731	815,550	81	281,960	465,704
2	571,375	544,274	42	805,966	795,941	82	231,663	436,403
3	588,649	560,801	43	779,029	771,168	83	198,904	403,387
4	597,006	567,866	44	769,821	761,606	84	171,025	364,303
5	607,278	575,699	45	774,589	769,944	85	160,746	354,088
6	604,292	575,444	46	790,161	786,091	86	117,340	262,679
7	610,904	582,445	47	766,938	767,125	87	105,891	248,723
8	608,086	580,785	48	748,341	747,451	88	92,264	224,972
9	605,943	577,619	49	787,471	787,750	89	78,885	203,672
10	616,199	588,325	50	816,353	815,028	90	64,379	174,451
11	617,258	588,164	51	816,299	817,565	91	52,130	152,356
12	608,449	579,067	52	865,997	873,788	92	40,492	124,701
13	620,052	589,196	53	913,501	924,649	93	30,756	101,015
14	618,720	589,222	54	971,090	982,229	94	21,829	77,761
15	632,362	601,812	55	1,043,747	1,060,582	95	15,942	59,638
16	653,268	619,808	56	1,145,025	1,164,429	96	10,778	44,137
17	675,064	638,398	57	1,135,716	1,157,535	97	7,232	30,924
18	696,653	660,443	58	1,079,446	1,101,184	98	4,757	22,021
19	716,083	674,489	59	673,435	694,065	99	2,717	13,075
20	741,422	701,168	60	718,324	752,586	100	1,615	8,403
21	753,852	717,475	61	874,355	921,463	101	969	5,237
22	757,026	724,303	62	849,367	895,682	102	540	3,402
23	746,565	722,848	63	869,302	922,336	103	289	2,017
24	755,957	729,982	64	843,181	898,033	104	167	1,234
25	786,273	760,627	65	763,350	820,761	105	90	624
26	806,426	782,125	66	660,974	715,569	106	42	344
27	838,134	816,883	67	698,526	768,743	107	23	188
28	861,964	839,660	68	714,359	789,694	108	20	84
29	905,754	882,203	69	707,797	792,837	109	3	40
30	949,205	924,371	70	667,385	762,627	110	2	10
31	999,283	973,483	71	621,368	723,176	111	0	8
32	1,014,512	995,080	72	611,177	724,894	112	0	2
33	997,497	974,451	73	586,033	705,863	113	0	0
34	972,768	954,207	74	553,780	681,194	114	0	0
35	945,606	926,907	75	511,696	645,035	115	0	0
36	927,533	913,562	76	484,419	626,316			
37	910,300	896,126	77	453,050	601,320			
38	908,866	893,579	78	418,680	574,415			
39	710,482	702,820	79	388,472	559,398			

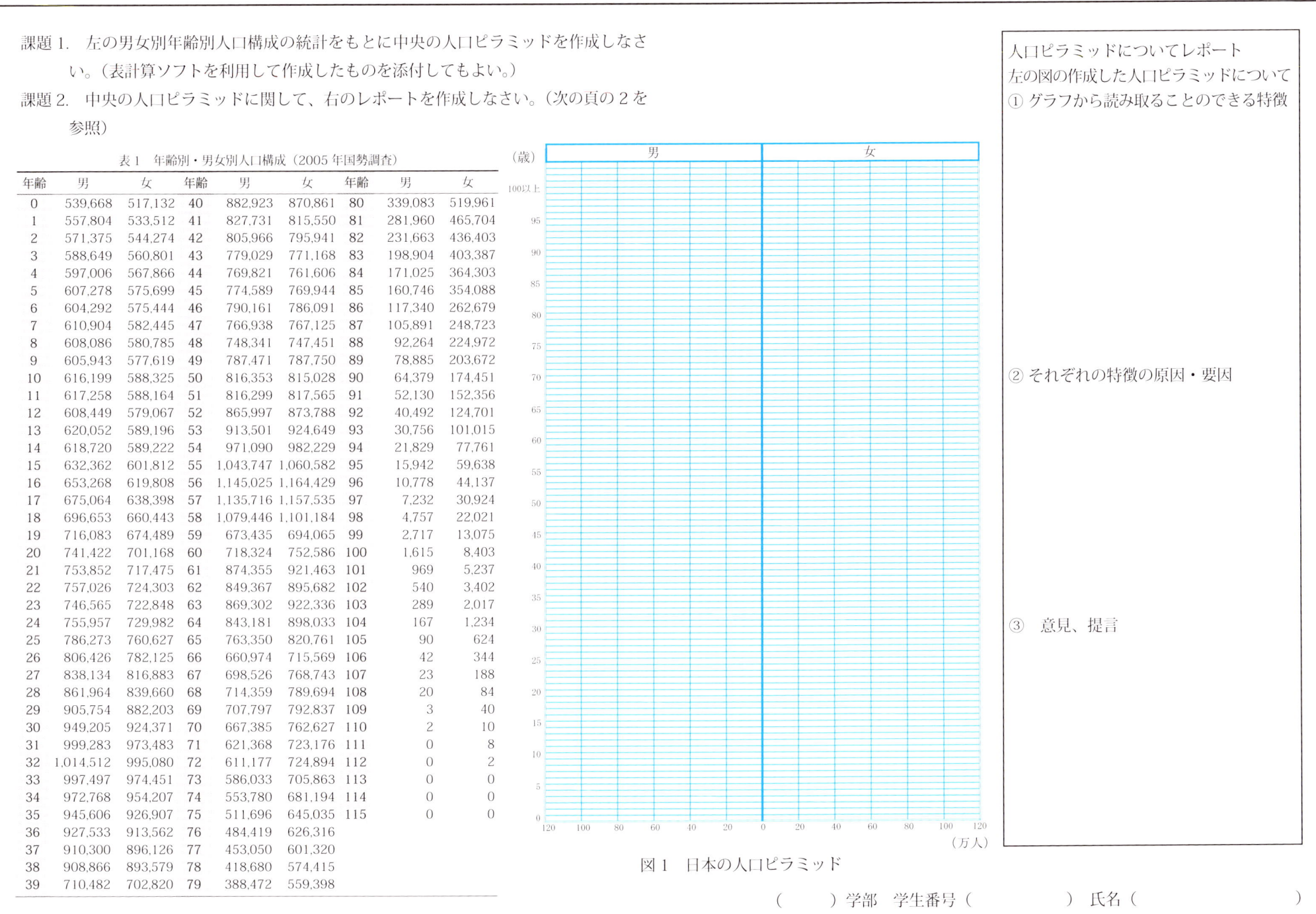

図1　日本の人口ピラミッド

（　　　）学部　学生番号（　　　　　　　　）氏名（　　　　　　　　　　　）

12　国勢調査を利用した人口ピラミッドの作成

1. 人口ピラミッド

人口ピラミッドとは、男女別年齢別人口構成をグラフ化したものである。一般に縦軸に年齢（一歳階級または五歳階級）をとり、横軸に人口（人口の絶対数または割合）をとる。ピラミッド型は出生率・死亡率がともに高く、多産多死の人口漸増型または多産少死の人口急増型である。発展途上国に多く、戦前の日本もこの型である。釣鐘型は出生率・死亡率がともに低く、少産少死の人口漸増型または人口停滞型である。先進国や新興工業国がそれに該当する。つぼ型は死亡率が低いが、出生率が低く、少子化が進み人口減少型になっている。ヨーロッパの先進国や現在の日本である。国内を地域別に考えると星型とひょうたん型がある。星形は青年層の転入により生産年齢人口が多い都市部でみられる。ひょうたん型は青年層が就職・進学で都市部に転出して少なくなった状態の農村部でみられる。さらに詳細に地域をみていくと、住宅団地では入居時の親と子供の世代のみが特化して多かったり、大学周辺地域では20歳前後の世代が特化して多かったりする。

2. 日本の人口ピラミッド

各世代の特徴を見ていくと、その時々の社会情勢を見ることができる。例えば次のとおりである。

・1945年前後の第2次世界大戦終戦前後の出生減
・1947・1948年生まれの第1次ベビーブーム、「団塊の世代」
・1966年生まれの「ひのえうま」
・1971～74年生まれの第2次ベビーブーム
・高齢化
・少子化

3. 表計算ソフトを利用した人口ピラミッドの作成

Excelなどの表計算ソフトを活用して、人口ピラミッドを作成することができる。統計書のデータを入力、または、総務省統計局の国勢調査のデータなどをダウンロードして貼り付けるなどして、棒グラフを描くことで可能である。ただ、左右に男女の年齢別人口構成を描くためには、下記のホームページなどを参考にして、作成する必要がある。また、この方法については、インターネットで「Excel」「人口ピラミッド」で検索すると多数で作成方法が紹介されている。

財団法人統計情報研究開発センター　http://www.sinfonica.or.jp/

4. 年齢別人口データの入手

総務省統計局ホームページから、「国勢調査報告」「世界の統計」などのデータを得ることができる。「国勢調査報告」では、日本全体だけでなく都道府県別および市町村別のデータをダウンロードできる。さらに詳細なデータとして政府統計の総合窓口（e-Stat）から町丁字別の小地域別集計結果を得ることができる。この統計から人口ピラミッドを作成すると、前述したように住宅団地や大学周辺など地域の特性がみえてくる。「世界の統計」からは主要な国々のデータを得ることができる。具体的な各国の人口ピラミッドからピラミッド型、釣鐘型、つぼ型の特徴を見いだすことができる。

総務省統計局　http://www.stat.go.jp/
政府統計の総合窓口（e-Stat）http://www.e-stat.go.jp/SG1/estat/eStatTopPortal.do

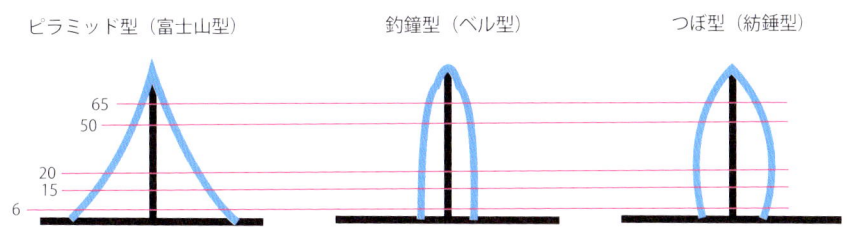

図2　人口ピラミッド型の特徴

13 性比と高齢化率の散布図の作成（提出用）

学部（　　　　）学科　学生番号（　　　　）氏名（　　　　　　　　　　）（　　）

課題 1. 47都道府県の「人口総数・男女別」と「年齢 3区分別人口」から、都道府県別の「性比」と「人口高齢化率」を計算しなさい。
課題 2. その計算結果をもとに、右の方眼紙上に 47都道府県の「散布図」を作成しなさい。
課題 3. 5分割する点の中で、上下・左右の端に位置する地域、離れて位置する地域、名称を特定し、その都道府県名を図中に記入しなさい。
課題 4. 作成した散布図を見て、右の欄の課題に答えなさい。

1. 散布図の左上側に位置する都道府県にはどのような特徴があるか。

2. 散布図の右下側に位置する都道府県にはどのような特徴があるか。

3. 散布図の点の分布がこのような形になるのは何故か。全体的な「点」の分布の傾向について考えを述べなさい。

（縦軸: 高齢化率 14.0〜30.0、横軸: 人口性比 86.0〜104.0 の方眼）

13　性比と高齢化率の散布図の作成

1. データの入手

必要な統計データは、最新の「国勢調査」による「人口総数・男女別　都道府県」および「年齢3区分別人口総数　都道府県」である。

インターネット上の「政府統計の総合窓口 e-Stat」

http://www.e-stat.go.jp/

にアクセスして、画面の指示にしたがってこのデータを探すこと。

上記の e-Stat では、いずれのデータもマイクロソフト・エクセルのファイル型式で公開されているので、見つけたら、そのまま"ダウンロード"して以降の計算もエクセルで処理できるので便利である。

2. 「性比」の計算法とその意味

ここで言う性比とは正しくは「人口性比」のことで、〈人口性比＝男の人口／女の人口× 100〉という数式で計算する。

言い換えれば女性 100 人に対する男性の数のことで、平成 17 年国勢調査では日本全体で 95.3 となっている。

大正 9 年から昭和 10 年までは男性が女性をわずかに上回っていたが、その後逆転, 第 2 次世界大戦の影響で男性の割合が大きく低下した後, 96 台の水準で推移していたが再び低下して今日に至っている。

都道府県―市町村と地域単位が小さくなるほどこの数値は変動する。これは、人口規模が小さくなることで産業構造や年齢構成の影響を強く受けるためである。

3. 「高齢化率」の計算法とその意味

国勢調査では、全ての対象者に年齢を訊ねているので 1 歳ごとの「各歳年齢人口」という集計もされているが、分析のためには 5 歳階級別、10 歳階級別といった集計結果が用いられる。その中で最も大きなくくりが、0―14 歳（年少人口）、15―64 歳（生産年齢人口）、65 歳以上（老年人口）という 3 区分である。

この老年人口が総人口に占める比率が「高齢化率」正しくは「老年人口比率」である。社会構造的な視点から「生産年齢人口」を分母とする考え方もあるが、ここでは総人口を分母とする、〈高齢化率＝ 65 歳以上人口／総人口× 100〉という数式で計算する。

全国の高齢化率は平成 17 年の国勢調査で 20.1％と初めて 20％を超えた。地域単位が小さくなるほど数値は変動する点は性比と同様で、山間地の小規模な集落などでは既に 100％に達しているところも存在する。

4. もっと詳しく知るためには

一つの都道府県の中の市区町村単位で、この課題と同様の手順で計算・比較してみるとよい。上記のように、市区町村単位にするとかなり大きな数値の変化がみられ、地域の社会構造にどのような"ひずみ"が起きているのかが良くわかる。

これらの統計調査とその結果については、上記の e-Stat の他、以下のサイトにも詳細な説明がある。

総務省統計局ホームページ　　http://www.stat.go.jp/

14　出荷額と販売額の散布図の作成（提出用）

課題1.　次ページの解説とデータをもとに、静岡県の市町別の「昼間人口1人当り製造品出荷額等」と「同・年間商品販売額」を計算しなさい。

課題2.　この計算結果を元に、左の方眼紙上に市町別の「散布図」を作成し、特に、上側・右側・下端に位置する市町について、その名称を図中に記入しなさい。

課題3.　作成した散布図をよく見て、該当する各市町のホームページ等も調べ、右の欄の質問に答えなさい。

縦軸：昼間人口一人当たり製造品出荷額等（万円）
横軸：昼間人口一人当たり年間商品販売額（万円）

1.　昼間人口一人当たりの「製造品出荷額」がトップの市の数値が高い理由は何か

2.　昼間人口一人当たりの「年間商品販売額」がトップの町の数値が高い理由は何か

3.　一人当たり製造品出荷額がきわめて少ない市・町にはどのような共通点があるか

4.　トップの町（上記）を除いて、一人当たり年間商品販売額が上位の市にはどのような共通点があるか

（　　　　　　　　）学部　学生番号（　　　　　　　　）　氏名（　　　　　　　　　　　）

14 出荷額と販売額の散布図の作成

1.「製造品出荷額等」とは

全国の製造業を含む事業所を対象として、経済産業省が実施している工業統計調査の主要な集計項目の1つで、調査対象年中にその事業所が所有する原材料によって製造し、その事業所から出荷した金額＝製造品出荷額と、加工賃収入額、修理料収入額、製造工程から出たくず及び廃物の出荷額、等を合計したものである。

また、消費税、原材料を他に支給して製造させたものの出荷額も含んでいる。

2.「年間商品販売額」とは

卸売・小売業に属する事業所を対象として、経済産業省が実施している商業統計調査における主要な集計項目の1つで、調査対象年度中にその事業所が販売した「形・本体のある商品」の販売額（消費税を含む）である。

3.「昼間人口」とは

我が国の最も基本的な統計調査である国勢調査では、「人口」は調査年の10月1日午前零時現在に対象者が居る場所、またはその前後に安定的に居住している場所に基づいて集計され、正しくは「常住人口」と呼ばれる。

一方、今日では多くの人々が仕事や勉学のために定常的に他の場所に移動（通勤・通学）している。

ある都市（Ｓ市）に常住しＳ市以外へ通勤・通学する人口を「流出人口（通勤・通学者）」と言い、逆にＳ市以外に常住してＳ市に通勤・通学する人口を「流入人口（通勤・通学者）」と言う。

「昼間人口」（従業地・通学地による人口）とは、国勢調査の調査票にある「日常の従業地・通学地」のデータを用いて、＜昼間人口＝常住人口－流出人口＋流入人口＞という数式で算出する人口である。

4. もっと詳しく知るためには

ここでは静岡県のデータを例にしたが、他の都道府県についても同様の計算・比較を試みるとよい。

	平成18年 製造品出荷額等 （百万円）	平成19年 年間商品販売額 （百万円）	平成17年 昼間人口 （人）
静岡市	1,644,305	3,338,298	727,210
浜松市	2,849,996	2,904,445	806,370
沼津市	634,638	792,253	225,199
熱海市	4,106	66,381	42,721
三島市	240,013	257,763	108,048
富士宮市	705,808	179,339	114,562
伊東市	13,058	131,363	69,775
島田市	343,231	156,860	90,582
富士市	1,376,820	665,234	239,110
磐田市	2,479,215	258,962	171,302
焼津市	297,372	317,339	106,892
掛川市	1,450,219	223,236	117,460
藤枝市	358,838	308,208	118,127
御殿場市	483,540	173,895	84,959
袋井市	524,137	228,580	81,870
下田市	3,496	54,583	27,524
裾野市	661,253	58,204	54,927
湖西市	1,464,278	41,569	50,351
伊豆市	23,383	35,758	33,846
御前崎市	102,767	39,705	33,424
菊川市	268,620	77,358	45,184
伊豆の国市	150,081	63,786	47,583
牧之原市	628,971	83,388	53,183
東伊豆町	550	15,271	14,757
河津町	1,735	11,108	7,579
南伊豆町	1,746	7,233	9,425
松崎町	998	8,680	7,642
西伊豆町	5,260	10,614	10,242
函南町	36,911	55,834	31,184
清水町	97,358	175,431	31,565
長泉町	328,363	95,910	38,274
小山町	144,541	18,260	22,259
芝川町	36,477	3,079	7,871
富士川町	104,715	13,107	14,771
由比町	27,904	9,038	7,549
岡部町	51,850	12,906	10,293
大井川町	229,365	49,625	26,783
吉田町	266,501	59,919	30,391
川根町	9,212	5,176	5,308
川根本町	10,332	5,968	8,499
森町	126,769	21,427	19,591
新居町	45,936	19,521	14,683
	工業統計	商業統計	国勢調査

「昼間人口」は、インターネット上の「政府統計の総合窓口 e-Stat」http://www.e-stat.go.jp/ で、「製造品出荷額等」「年間商品販売額」は、同じく「経済産業省統計」http://www.meti.go.jp/statistics/_にアクセスし、画面の指示にしたがって操作すれば入手することができる。

さらに、市区町村ごとの人口増減などとも対比してみると、産業活動がどのように地域展開しているのか、それが地域全体にどのように影響しているのかが見えてくる。

これらの統計調査については、上記の e-Stat の他、以下のサイトにも詳細な説明がある。

総務省統計局 http://www.stat.go.jp/

15 日本の工業分布を考える（提出用）

課題1. 日本の工業分布の特徴について「太平洋ベルト地帯」,「三大都市圏」,「国土縁辺地域」および「地方名（例えば，四国地方，東北地方など）」を用いてまとめなさい。

課題2. 表1に示した印刷業について地図化した上で、各業種の分布の特色をまとめなさい。

課題3. なぜ、業種によって分布の特徴に差があるのだろうか？ それぞれの業種について、特徴ある分布を示す理由を、以下に挙げた項目（それ以外の要因を加えても構いません）に注目して考えなさい。原料産地、原料の重さや大きさ、製品の重さや大きさ、輸送費、消費者の多さ（市場規模）、賃金の安さ（労働費）、情報量の多さ

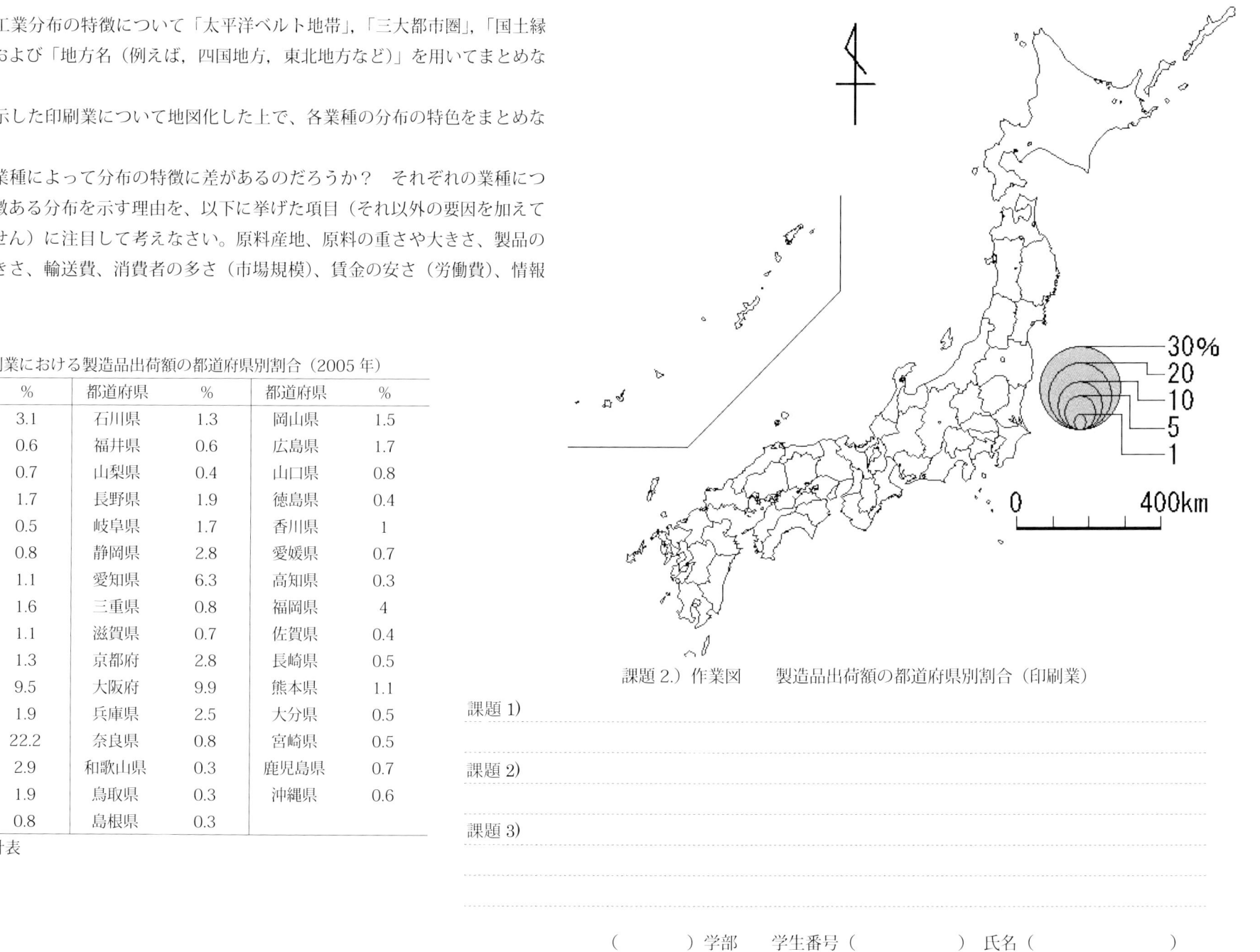

表1 印刷業における製造品出荷額の都道府県別割合（2005年）

都道府県	%	都道府県	%	都道府県	%
北海道	3.1	石川県	1.3	岡山県	1.5
青森県	0.6	福井県	0.6	広島県	1.7
岩手県	0.7	山梨県	0.4	山口県	0.8
宮城県	1.7	長野県	1.9	徳島県	0.4
秋田県	0.5	岐阜県	1.7	香川県	1
山形県	0.8	静岡県	2.8	愛媛県	0.7
福島県	1.1	愛知県	6.3	高知県	0.3
茨城県	1.6	三重県	0.8	福岡県	4
栃木県	1.1	滋賀県	0.7	佐賀県	0.4
群馬県	1.3	京都府	2.8	長崎県	0.5
埼玉県	9.5	大阪府	9.9	熊本県	1.1
千葉県	1.9	兵庫県	2.5	大分県	0.5
東京都	22.2	奈良県	0.8	宮崎県	0.5
神奈川県	2.9	和歌山県	0.3	鹿児島県	0.7
新潟県	1.9	鳥取県	0.3	沖縄県	0.6
富山県	0.8	島根県	0.3		

資料：工業統計表

課題2.) 作業図 製造品出荷額の都道府県別割合（印刷業）

課題1)

課題2)

課題3)

（ ）学部 学生番号（ ） 氏名（ ）

15　日本の工業分布を考える

　日本は世界有数の先進工業国である。それでは、製造業（工業）はどの地域で盛んなのであろうか。また、工業は様々な業種により構成されている。ここでは、統計地図を作成して、日本の工業と主要業種の分布を捉え、なぜ、そうした分布を示すのかについて考えたい。

工業の盛んな地域はどこであろうか？

　図1は、2005（平成17）年における都道府県別の製造業（工業）従業者の分布を地図化したものである。

業種による分布の差異

　工業は様々な業種によって構成されており、その分布は異なる。図2～4は鉄鋼業、窯業および衣服製造業の製造品出荷額（2005年）の都道府県別割合を地図にしたものである。

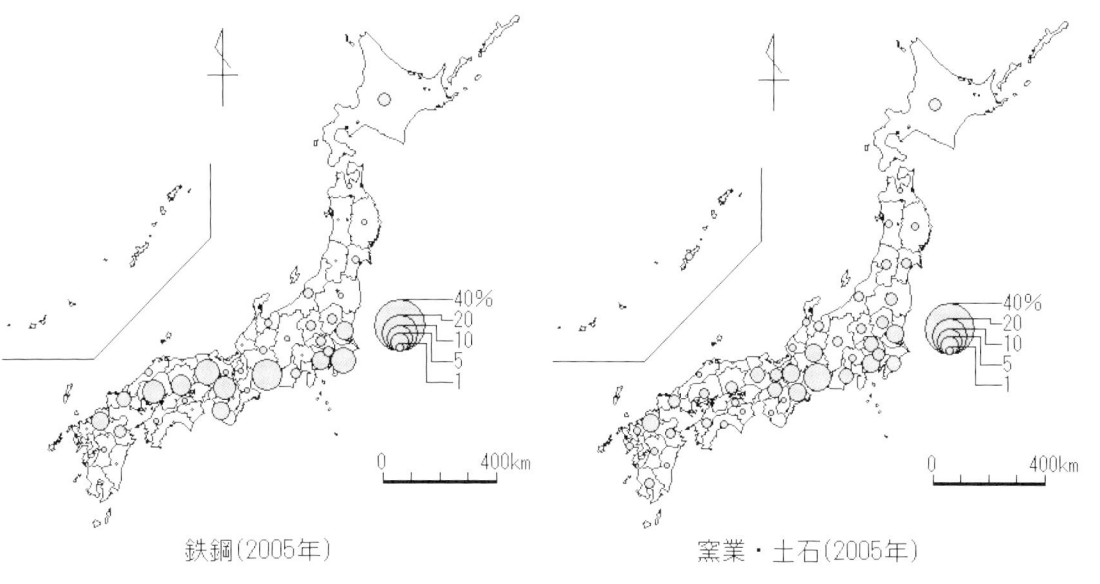

鉄鋼（2005年）　　　　　　　　　窯業・土石（2005年）

図2　製造品出荷額の都道府県別割合（鉄鋼業）　図3　製造品出荷額の都道府県別割合（窯業）
資料：工業統計表　　　　　　　　　　　　　　資料：工業統計表

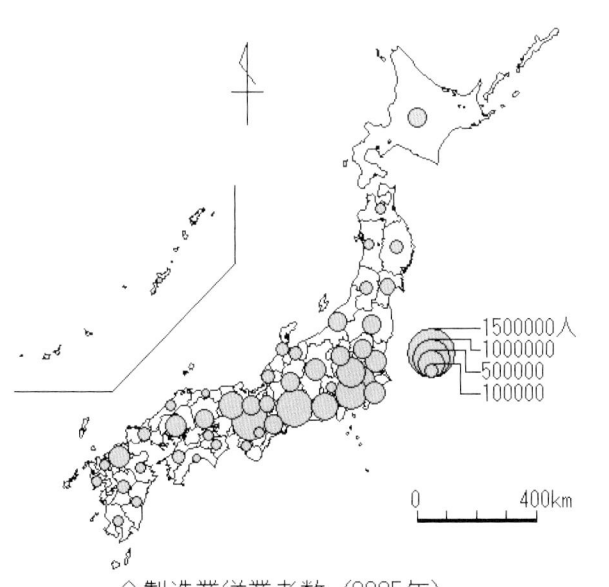

全製造業従業者数（2005年）

図1　都道府県別の製造業（工業）従業者の分布
　　　資料：工業統計表

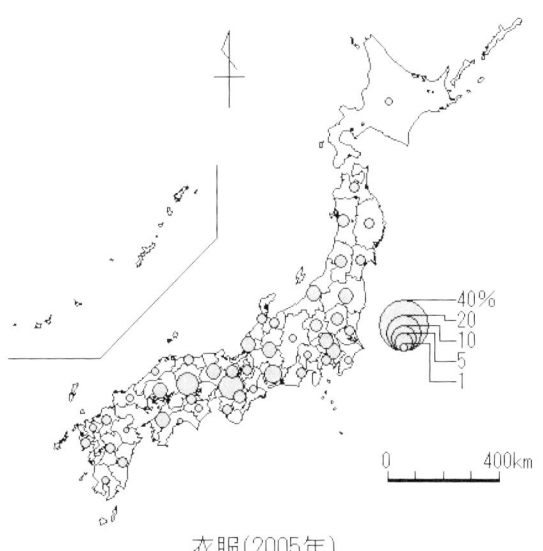

衣服（2005年）

図4　製造品出荷額の都道府県別割合（衣服製造業）　資料：工業統計表

16 ブラジル人 (外国人登録者) の分布を考える（提出用）

課題1. 表1の統計データをもとに、都道府県別の人口10万人あたりのブラジル人密度を表わす統計地図を作成しなさい。密度は3〜4段階に階級区分し、それを<u>都道府県の範囲を塗りつぶす色の濃さ</u>で表現しなさい。描いた分布図を見て、右の欄の質問に答えなさい。

1. （人口全体に対して）ブラジル人の比率が大きい県はどこか

2. それらの県に共通する日本の主力産業とは何か

3. ブラジル人の密度が高いいくつかの県に注目して、そこでのブラジル人たちと地域社会がともに直面している問題について、それぞれの県のホームページなどからまとめなさい

（　　　　）学部　　学生番号（　　　　　）氏名（　　　　　　　　　　）

16　ブラジル人（外国人登録者）の分布を考える

　平成19年末現在における外国人登録者数は2,152,973人で、引き続き過去最高記録を更新している。この数は、1年前に比べて3.3％の増加、10年前（平成9年末）に比べると45.2％の増加で、10年間で外国人登録者数は約1.5倍になった。このように急激な増加を続けてはいるものの、総人口に占める外国人の割合は依然として2％以下の水準であり、先進国の中では際立って低い数値となっている。男女別では、女性が1,150,936人、男性が1,002,037人と、若干女性が多い。

　国籍（出身地）別に見ると、第2次世界大戦以降常に最大の構成比を占めていた韓国・朝鮮出身者がついに60万人を割り、初めて中国に次いで第二位となっている。韓国・朝鮮出身者の半数以上を占める特別永住者（いわゆる在日コリアン）が、日本国籍を取得する者の増加と高齢者の死去とによって急激に減少し、それが全体の減少につながっている。

　一方、中国出身者は昭和50年代から増加を続け、平成19年末は同18年末に比べて46,148人（8.2％）増加、登録外国人全体の28.2％を占める最大勢力となっている。

　ブラジル出身者の多くはいわゆる日系人であり、1990年の入国管理法の一部改正を契機に急増したものである。過去10年間はほぼ毎年増加を続け、登録者総数の15％前後に達している。初期には「出稼ぎ」という意識が強かったようだが、近年では日本社会に溶け込み、永住を目指す人々も多くなっている。

　またフィリピン出身者は、女性が圧倒的に多いという特徴をもっている。かつては興行ビザで入国する者が少なくなかったが、ビザの厳格化もあって平成17年末に一旦減少に転じた。平成19年末は同18年末に比べて9,104人（4.7％）増加し、初めて登録者数が20万人を超えている。近年では親族訪問や日本人の配偶者としての入国の比率が多くなっている。

（注）中国には中国（台湾）、中国（香港）を含む。

*法務省入国管理局「平成19年末現在における外国人登録者統計について」（2008年）を元にまとめた。

表1　都道府県別 国籍（出身地）別外国人登録者　（合計20万人以上の出身地のみ）

都道府県	外国人総数	中国	韓国・朝鮮	ブラジル	フィリピン	総人口
北海道	20,639	8,397	5,524	213	1,138	5,627,737
青森	4,649	1,875	1,128	38	571	1,436,657
岩手	6,567	3,008	1,152	481	878	1,385,041
宮城	15,976	7,054	4,512	306	1,015	2,360,218
秋田	4,476	2,403	800	16	655	1,145,501
山形	7,384	3,386	2,175	197	723	1,216,181
福島	12,857	5,654	2,072	534	2,405	2,091,319
茨城	54,580	14,023	5,829	11,407	7,542	2,975,167
栃木	34,192	7,936	3,223	8,585	3,374	2,016,631
群馬	46,878	7,062	3,047	17,158	5,977	2,024,135
埼玉	115,098	39,202	19,526	13,950	15,867	7,054,243
千葉	104,692	36,724	18,414	6,087	16,331	6,056,462
東京	382,153	133,108	112,310	4,550	31,313	12,576,601
神奈川	163,947	46,750	34,552	14,107	17,789	8,791,597
新潟	14,266	5,490	2,310	978	2,211	2,431,459
富山	15,477	6,006	1,442	4,387	1,650	1,111,729
石川	11,303	4,732	2,201	1,704	591	1,174,026
福井	14,198	5,028	3,667	3,062	1,235	821,592
山梨	17,061	3,623	2,676	5,089	1,992	884,515
長野	43,336	10,614	4,755	15,783	4,423	2,196,114
岐阜	57,250	17,069	5,971	20,912	8,176	2,107,226
静岡	101,316	12,672	6,573	52,014	11,909	3,792,377
愛知	222,184	41,605	42,252	80,401	24,065	7,254,704
三重	51,835	8,918	6,384	21,717	4,716	1,866,963
滋賀	31,458	4,580	6,242	14,342	1,842	1,380,361
京都	53,295	10,744	33,834	580	1,902	2,647,660
大阪	211,758	45,885	136,310	4,454	5,527	8,817,166
兵庫	101,527	23,456	55,915	3,398	3,131	5,590,601
奈良	11,572	3,309	5,023	829	506	1,421,310
和歌山	6,437	1,497	3,058	121	580	1,035,969
鳥取	4,688	2,161	1,367	39	537	607,012
島根	6,133	2,440	934	1,317	857	742,223
岡山	22,284	8,817	7,088	2,021	1,435	1,957,264
広島	40,741	13,879	11,330	4,384	4,824	2,876,642
山口	14,801	3,623	8,395	247	1,129	1,492,606
徳島	5,459	3,478	392	72	598	809,950
香川	8,708	4,583	1,066	341	1,234	1,012,400
愛媛	9,554	5,564	1,624	246	858	1,467,815
高知	3,532	1,281	742	23	509	796,292
福岡	48,635	18,328	19,623	338	3,501	5,049,908
佐賀	4,384	2,098	921	24	514	866,369
長崎	7,616	4,039	1,290	34	677	1,478,632
熊本	9,107	4,775	1,160	64	1,374	1,842,233
大分	10,250	3,643	2,834	96	1,007	1,209,571
宮崎	4,150	1,803	666	56	538	1,153,042
鹿児島	5,656	2,511	575	57	1,281	1,753,179
沖縄	8,914	2,056	605	208	1,685	1,361,594
全国	2,152,973	606,889	593,489	316,967	202,592	127,767,994

平成19年度 登録外国人統計／平成17年 国勢調査

17　都市圏の人口流動を考える（提出用）

課題1.　次ページの統計データをもとに、愛知県内の市区町村別の「昼間人口比率」を計算しなさい。

課題2.　この計算結果から市区町村を3〜4段階に階級区分し、下の白地図上の市区町村の範囲を色の濃さで塗り分けて「昼間人口比率分布図」を作成しなさい。

課題3.　作成した分布図を元に、右の欄の質問に答えなさい。特徴的な地域については、その市町村のホームページなども調べること。

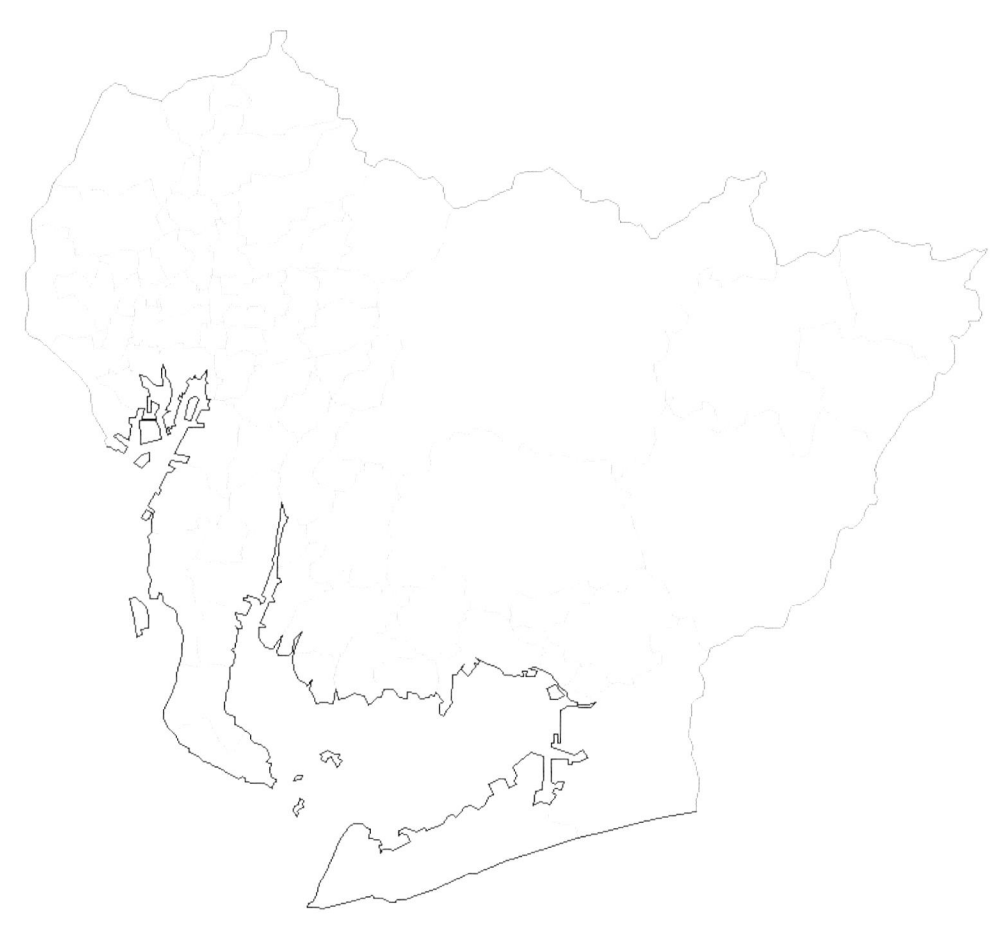

1.　名古屋市中心部以外で、比率が100を超える市町村が連続しているのはどこか、その地域の数値が高い理由は何か

2.　比率が低い市町村が集中している地域がある。それらの市町村に共通する性格はどのようなものか

3.　比率が非常に高い"村"がある。それはどこでどのような理由によるものか

4.　愛知県における市区町村別の昼間人口比率は、全体的にどのような傾向を示しているか、その要因を含めて要点をまとめなさい

（　　　　　）学部　学生番号（　　　　　）氏名（　　　　　　　　　　）

17　都市圏の人口流動を考える

1.「昼間人口」とは

　我が国の最も基本的な統計調査である国勢調査では、「人口」は調査年の10月1日午前零時現在に対象者が居る場所、またはその前後に安定的に居住している場所に基づいて集計され、正しくは「常住人口」と呼ばれる。一方、今日では多くの人々が仕事や勉学のために定常的に他の場所に移動（通勤・通学）している。

　ある都市（S市）に常住しS市以外へ通勤・通学する人口を「流出人口（通勤・通学者）」と言い、逆にS市以外に常住してS市に通勤・通学する人口を「流入人口（通勤・通学者）」と言う。

　「昼間人口」（従業地・通学地による人口）とは、国勢調査の調査票にある「日常の従業地・通学地」のデータを用いて、〈昼間人口＝常住人口－流出人口＋流入人口〉という数式で算出する人口である。

2. 昼間人口比率

　「昼間人口比率」とは、〈昼間人口／常住人口×100〉という数式で計算する指標で、地域全体の中でのその市区町村の「中心性」や社会・経済機能の集中度を示すものである。

　ただ、市域が非常に広い地方都市などの場合、人口の流動があっても市内で完結してしまうために、見掛け上 100 に近づいてしまう、という傾向もあるので注意が必要である。

3. もっと詳しく知るためには

　ここでは愛知県のデータを例にしましたが、他の都道府県についても同様の計算・比較を試みたらよい。

　インターネット上の「政府統計の総合窓口 e-stat」http://www.e-stat.go.jp/ から、「人口」（常住人口）、「昼間人口」ともに簡単に入手することができる。

　これらの統計データについては、上記の e-stat の他、以下のサイトにも詳細な説明がある。

総務省統計局　　　http://www.stat.go.jp/

		人口総数（人）	昼間人口（人）			人口総数（人）	昼間人口（人）
101	千種区	153,118	171,004	228	岩倉市	47,926	36,696
102	東区	68,485	116,861	229	豊明市	68,285	61,296
103	北区	166,441	146,873	230	日進市	78,591	77,672
104	西区	143,104	144,834	231	田原市	66,390	69,623
105	中村区	134,576	234,452	232	愛西市	65,556	50,925
106	中区	70,738	324,987	233	清須市	55,038	49,762
107	昭和区	105,001	117,056	302	東郷町	39,384	31,291
108	瑞穂区	105,358	101,695	304	長久手町	46,493	53,286
109	熱田区	63,608	87,531	342	豊山町	13,565	16,396
110	中川区	215,809	191,259	343	師勝町	43,888	35,271
111	港区	151,872	169,422	344	西春町	34,190	34,387
112	南区	143,973	141,493	345	春日町	8,320	11,171
113	守山区	161,345	134,631	361	大口町	21,602	31,872
114	緑区	216,545	166,023	362	扶桑町	32,535	26,316
115	名東区	157,125	131,750	421	七宝町	22,869	17,854
116	天白区	157,964	136,325	422	美和町	23,875	18,690
201	豊橋市	372,479	364,999	423	甚目寺町	38,563	31,961
202	岡崎市	354,704	329,359	424	大治町	28,501	21,849
203	一宮市	371,687	323,883	425	蟹江町	36,750	29,930
204	瀬戸市	131,925	118,218	426	十四山村	5,618	6,873
205	半田市	115,845	114,649	427	飛島村	4,369	13,711
206	春日井市	295,802	264,596	428	弥富町	36,957	32,300
207	豊川市	120,967	119,252	441	阿久比町	24,577	19,918
208	津島市	65,547	60,739	442	東浦町	48,046	38,765
209	碧南市	71,408	71,227	445	南知多町	21,909	20,168
210	刈谷市	142,134	168,955	446	美浜町	26,294	22,668
211	豊田市	412,141	445,252	447	武豊町	40,981	35,252
212	安城市	170,250	176,051	481	一色町	24,068	19,765
213	西尾市	104,321	106,366	482	吉良町	22,041	19,916
214	蒲郡市	82,108	77,714	483	幡豆町	12,802	9,889
215	犬山市	74,294	70,842	501	幸田町	35,596	37,360
216	常滑市	51,265	53,955	502	額田町	9,103	9,210
217	江南市	99,055	83,389	521	三好町	56,252	60,544
219	小牧市	147,182	170,233	561	設楽町	6,306	6,449
220	稲沢市	136,965	128,031	562	東栄町	4,347	4,247
221	新城市	52,178	49,588	563	豊根村	1,309	1,380
222	東海市	104,339	105,959	564	富山村	208	232
223	大府市	80,262	81,382	601	音羽町	8,690	8,668
224	知多市	83,373	64,208	602	一宮町	16,450	15,157
225	知立市	66,085	55,379	603	小坂井町	21,881	17,785
226	尾張旭市	78,394	63,114	604	御津町	13,456	12,364
227	高浜市	41,351	38,980				

平成17年国勢調査

18　日韓の航空流動を考える（提出用）

課題 1.　表 1 をもとに各年の日本人海外旅行者数の変化について考えるため、1986 年を 100 とした指数を計算してみよう。

課題 2.　表 1 をもとに各年の韓国旅行者数の変化について考えるため、1986 年を 100 とした指数を計算してみよう。

課題 3.　表 2 を参考に、図 1 にソウル便の就航状況について流線図を作成しよう。週 70 便以上運航されている路線は赤の実線、28 便から 69 便は赤の点線、7 便から 27 便は黒の実線、6 便以下は黒の点線で空港間を結んでみよう。

課題 4.　作成した図から読み取れることはなにか、書きなさい。

表 1　海外旅行者数と韓国旅行者数の変化

年	海外旅行者数（万人）	指数	韓国旅行者数（万人）	指数
1986	552	100	79	100
1988	843		110	
1990	1100		146	
1992	1179		139	
1994	1358		155	
1996	1670		143	
1998	1581		189	
2000	1782		238	
2002	1652		232	
2004	1683		244	
2006	1754		233	

「観光白書」より作成

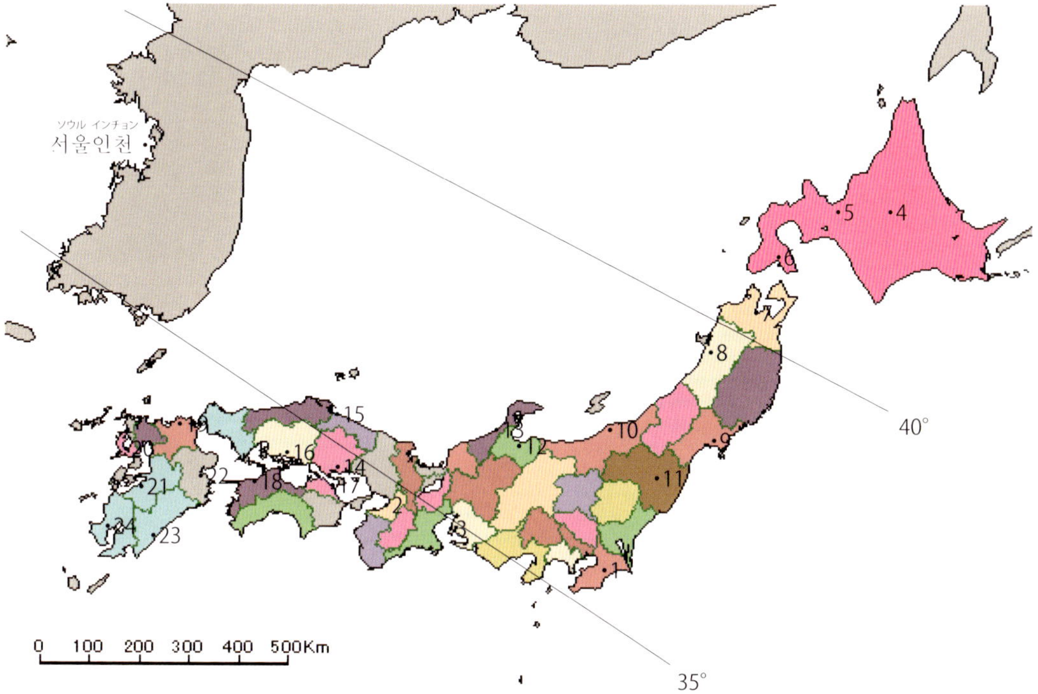

図 1　日本の空港におけるソウル便の就航状況

18　日韓の航空流動を考える

1. 日本人海外旅行者数と韓国旅行者数の増加

　日本人海外旅行者数は、1986年から2006年までの20年間で約3.1倍にまで増加している。この背景には、円高やバブル経済などがある。また、日本から韓国への旅行者数も同様の傾向を示しており、この20年間で約2.6倍に増加している。なお、2000年代の韓国への旅行者の増加は、韓流ブームが影響している。

2. 日本の空港の種類

　日本の空港は、空港整備法の規定によって、大きく4つにわかれている。すなわち、第1種空港（国際航空路線の運航に必要な空港）、第2種空港（主要な国内航空路線に必要な空港）、第3種空港（地方的な航空輸送を確保するために必要とされる空港）、空港整備法が適用されない空港（自衛隊や米軍と共用の空港など）である。なお、一般的に言われる国際空港とは第1種空港、地方空港は第2種以下の空港のことである。

3. 日本の空港におけるソウル便の就航状況

　1980年代前半まで、国際線が就航していたのは成田、大阪（伊丹）といった国際空港が中心であった。しかし、1990年代後半以降、国際線が就航している地方空港が大幅に増加している。

　2007年11月におけるソウル便就航の特徴について、次の4点を指摘できる。第1点は、第1種空港にソウル便が多く就航していることである。第2点は、ソウルと日本の広域中心都市（札幌、仙台、広島、福岡）とを結ぶ路線で、運航本数が比較的多いことである。その要因として、広域中心都市は人口が多いことや各地方の交通体系の中心になっていることが考えられる。第3点は、運航本数は少ないものの、全国22の地方空港にソウル便が就航していることである。第4点は、ソウル便利用客の獲得をめぐって、空港相互間で競合が生じていることである。その例として、岡山空港と高松空港、高松空港と松山空港をあげることができる（今井2005）。

参考文献
今井英文（2005）：地方空港の国際化と空港後背地の競合．日本都市学会年報，38，69-77

表2　日本の空港におけるソウル便の就航状況

	空港名	種別	便数
1	成田	第1種	98
2	関西	第1種	63
3	中部	第1種	42
4	旭川	第2種	4
5	札幌	第2種	7
6	函館	第2種	3
7	青森	第3種	4
8	秋田	第2種	3
9	仙台	第2種	7
10	新潟	第2種	7
11	福島	第3種	3
12	富山	第3種	3
13	小松	共用	4
14	岡山	第3種	7
15	米子	共用	3
16	広島	第2種	7
17	高松	第2種	3
18	松山	第2種	3
19	福岡	第2種	32
20	長崎	第2種	3
21	熊本	第2種	3
22	大分	第2種	3
23	宮崎	第2種	4
24	鹿児島	第2種	3
25	那覇	第2種	5

注1：空港名は図1と一致する。
注2：この表でいう便数とは1週間あたりの片道の運航本数である。
注3：「JTB時刻表2007年11月号」より作成。

19　大型店の分布状況を知る（提出用）

　分布図の作成および読図には、次の点に着目しながらするとよい。質問形式にしたので考えながら作業をすすめよう。

課題1　岡山市内の大型店はどのくらいの数があるのか。

課題2　大型店はどのような場所に分布しているのか。

課題3　大型店はいつ頃から増えてきたのか。

課題4　大型店の業態によってどんな分布の特徴があるのか。

課題5　大型店の分布状況にはどのような法則性があるのか。

課題6　大型店の競合関係や今後の立地場所を考えてみよう。

課題7　図2に業態別の分布状況を作図してみよう。

表1の凡例

開業年	
A	昭和50年まで
B	平成元年以前
C	平成10年以前
D	平成10から19年

業態	
D	百貨店
S	総合スーパー
専	専門店ビル
F	食品スーパー
G	複合大型店
H	ホームセンター

表1岡山市内における開設年次、業態別住所一覧
（店舗面積五千m²以上抜粋）

開業年	住所	業態
A	表町2－1－1	D
A	本町6－40	D
B	青江423－1	G
B	築港本町1－18－5	G
B	原尾島1－52－1	G
B	駅前町1－8	G
B	幸町7－10	専
B	平野919	G
B	箕島1387－1	G
B	西大寺南1－2－5	G
B	円山115－1	G
B	下416－5	H
B	東平島163	S
B	横井上83－3	S
C	兼基63	H
C	表町1－4－183	専
C	中井町2－1573－1	G
C	西大寺上1－1－46	G
C	栖津574－1	S
C	東平島1001－1	S
C	高屋36－1	G
C	神下93	専
C	倉田611－1	G
D	下石井2－10－102	G
D	中山下1－8－11	専
D	泉田382－1	S
D	下中野377－1	専
D	東平島1602	G
D	西市629	専
D	当新田121－2	F
D	奥田南町356	専
D	藤田560－236	H
D	野殿西町418－1	H

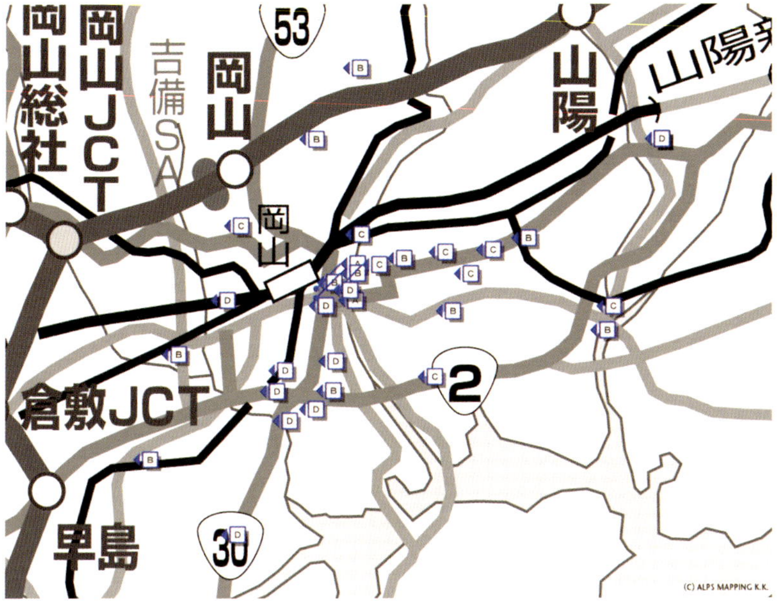

図1　開設年代別の市街地周辺を含んだ地図　凡例は表1に順ずる

図2　業態別の市街地周辺を含んだ地図

19　大型店の分布状況を知る

　近年地方都市では、大型店の郊外への進出が著しい傾向にある。かつての中心商店街からは顧客が減少し、空き店舗が目立っている。その一方では、郊外の幹線道路沿いや工場の跡地などに大型店が進出する様子が、目につく。

　ここでは大型店（百貨店、スーパーマーケット、専門店、ホームセンターなど）が実際に、いつ頃にどのような場所に立地してきたのか、現存する大型店について岡山市を例に考えよう。

　そこで使用地図ソフトは、一般的にパソコンショップや大型家電店で簡単に購入できるものとして、企画・開発（株）アルプス社、販売（株）クレオのプロアトラスＳＶ３（現在のバージョンはSV5）を使用してみよう。このソフトは住所録ソフトとも連動している点で便利である。その他にも多くの地図ソフトが陳列、販売されているので、各自で応用してみよう。

　まず公的機関のホームページから作業のための資料をダウンロードする。そして地図化するために加工する作業から始めてみよう。
①岡山市役所のホームページ http://www.city.okayama.jp/
②産業課商業振興係 http://www.city.okayama.jp/keizai/sangyou/top.htm
③商業資料館 http://www.city.okayama.jp/keizai/shougyou/shiori/index.htm

　そこから大規模小売店舗一覧を選ぶと、そこには平成19年6月1日現在の市内大型店の表が現れる。（直接下記のアドレスでも可能）
http://www.city.okayama/okayama.jp/keizai/sangyou/shiori/index/htm

　ここでは開業年次が古い順に、（店舗名称、所在地、開店日、業態、店舗面積、主要販売品など）を知ることができる。その中から店舗面積が5千m²以上の店舗を取り上げよう。まず表作りから始めてみよう。開店年次、住所、業態の項目を表にしてみる。EXCELなどを利用して、CSV形式で保存しておこう。（表1参照）

　次に以下の手順でソフトを使って地図化する。
①パソコンにインストールした地図ソフト（プロアトラスSV3）を開く。
②岡山駅をホーム位置（画面の中央付近になるように）設定する。
③地図をシンプルにするために上段のバーの表示を選び、地図の表示情報の中から鉄道、道路のみをチェックする。地図中の表示項目は目的に応じて、必要な情報を追加、削除などが簡単な作業でできる。
④地図の表示スタイルをグレースケール1にチェックを入れる。
⑤上段のファイルを開くから作成してある表1を開く。（CSV形式）
⑥開設年代別の分布を見るために、タイトルの箇所に開設年代別の記号の列を選んで、住所の欄にチェックを入れ、住所の列を指定する。開くと分布図（図1）が表示される。
⑦同様にタイトルの列の箇所に業態の列を選び、住所の列を選んぶで開くと分布図が表示されるので、あとで作業を行う。（提出用図2）
⑧できあがった分布図のコメントの欄に分布図のタイトルや凡例を記入して印刷すると、図のように印刷される。（中心部は分布密度が高くて、見にくいのでその部分を拡大印刷する）
⑨最後にできあがった地図のコメント欄に、タイトルと凡例を記入すればできあがる。

　このようにCSV形式で作成、保存された入力情報を市販されている地図ソフトを利用し、パソコンの画面上に分布状況が表示できるので、応用してみよう。

　なお本稿で使用したプロアトラスをはじめ、多くの市販ソフトの主な機能は、店舗や企業の位置確認、案内図の作成、航空写真の閲覧、地図のスクロール、地図の拡大・縮小、地点間の距離測定、住所録ソフトと連動した分布図の作成など様々な場面での利用価値がある。

　また今回参考にした岡山市をはじめ、ある程度の人口規模を有する都市では、ホームページから各種統計資料が見ることができ、EXCELで開くことによって教育や研究に役立つ資料とし加工できる。

　岡山市を例に挙げると、ここで取り上げた商業関係は商業の今昔物語（岡山市の開府から400年の商業のあゆみ）や地域、業種別卸・小売業の総数、大規模小売店一覧（店舗面積1000m²以上）、商店街歩行量調査（地点別昭和41年以降の推移などを、閲覧することができる）などがある。様々なデータを地図やグラフ化することによって、自分たちの住んでいる都市の構造や変化の様子を知ることができる。

　なお、図1のなかの記号は、開設年代や業態をあらわしたものであり、記号は表1の凡例に準ずる。

20　事業所の分布図をつくる

1.　地域・業種の決定と作業用地図の準備

①まず、地域と対象業種を決める。
　　A. 身近な地域で、一般的な商店・店舗などの分布を改めて調べる。
　　　　わが町のラーメン店の分布図、など。
　　B. 特定の業種が集中する地域の実態を見る。
　　　　古本屋街、エスニック・タウン、ファッション街、など。
　　C. 個人的に関心のある業種の分布を見る。
　　　　建築設計事務所、寺院、医療機関、学習塾、など。

②インターネットで「政府統計の総合窓口 e-Stat 」にアクセスし、「事業所統計調査、産
　業中分類・市区町村別 事業所数」という統計をダウンロードする。そのデータから、
　想定した産業、事業所の地域ごとの数を確認する。最低 20 以上、100 未満に収めたい。
③次に、対象地域を含む 1/10,000 地形図または 1/25,000 地形図 " を用意する。
　地域によっては、主要部分が複数の地図にまたがる場合もある。
　地形図のコピー（分割でよい）をとり、作業用地図とする。

2.　対象店舗・事業所リストの作成

④インターネットの「ⅰタウンページ」にアクセス、先に想定した地域を指定して、これ
　も想定した産業・業種の電話番号を検索する。タウンページの分類は、事業所統計等の
　標準産業分類とは少し異なっているので、キーワード等を工夫していくつかのケースで
　検索してみる。後述のように重複掲載があるので、それを見込んで 40 〜 100 程度の軒
　数に収まるように分類の指定を工夫する。
⑤決定したら、ⅰタウンページの検索結果画面からエクセルのシート上に機械的に「コピー・
　貼付け」して、自分用の「事業所・店舗一覧」ファイルを作成する。
⑥全てコピーしたら、店舗名と住所・電話番号のみを残して不要な「行・列」を削除する。
　この表で、「同一企業で同じ住所」「別名義で同じ電話番号」（＝重複掲載）という記載
　をチェックし、重複分を削除して表を完成させ、プリントしておく。

3.　対象店舗・事業所の位置プロット

⑦住所地番が詳しい紙の地図（昭文社の都市地図など）を使用する場合は、個々の位置を
　その地図に先ず記入し、後で作業用地図に転記する。
　ゼンリン、Yahoo、Google_Map などのネット地図サービスを利用する場合は、画面上
　で「住所から検索」を行い、表示されたマークの地図上の位置を対比させながら逐次作
　業用地図に転記する。ただし、ネット地図サービスは運営企業によって精度・特徴の違
　いがあるので、それを考慮して適切に利用すること。
　いずれの場合も、作業用地図上には「記号」だけでなくその店舗・事業所の「番号」を
　必ず記入しておくこと。

4.　完成版地図の準備

⑧作業用地図を元の地形図の様に貼り合わせて、点の分布を見る。
⑨その分布をカバーする適切な範囲の長方形を設定する。長方形は縦／横どちらでも良い
　が、水平方向は地形図の枠に必ず一致させること。斜めは不可。
⑩元の地形図上に同じ長方形を記入し、その線に沿って地図をカットする。
　2面以上の地図にまたがる場合は、必ず地図を貼り合せてからカットする。
⑪地形図欄外の「縮尺」を切り取り、範囲内の適当な場所にに貼り込んでおく
　長方形が 25cm × 38cm を超える場合は縮小コピーする。
　長方形が 17cm × 25cm を大きく下回る場合は拡大コピーする。
⑫元の地形図を切り取るか、拡大・縮小コピーしたものを A 4 〜 A 3 の台紙に貼ってマス
　タとする。台紙の枠外上部中央に、" ○○○○（地域名）における△△△△（対象）の
　分布 " とプリントまたは貼り込み、台紙の枠外下部右に、"1/25000（1/10000）地形図「Ｘ
　ＸＸＸ」の一部 " とプリントまたは貼り込みしておく。
⑬そのマスタからコピーを 2 〜 3 部とり、仕上げ用地図とする。

5.　分布図の仕上げ

　仕上げ用地図に、作業用地図から「点」を転記する。記号は「＋」とし、大きさ方向を
統一して美しく記入する。さらに、番号の数字を点の付近に同じく大きさ方向を統一して
美しく記入する。
　記入が終ったら完成。

6. PCを使って作図する場合

① PCを使って作図する場合は、上記のマスタをスキャナでPCに読み込む。

マスタが大きく、使用するスキャナで読み込めない場合は、マスタを縮小コピーして使う。保存ファイルの型式を選択できる場合は、.jpgよりも.png形式で保存する方がよい。

② 地図の外上部中央に、"○○○○（地域名）における△△△△（対象）の分布" とテキスト入力。地図の外下部右に、"1/25000（1/10000）地形図「ＸＸＸＸ」の一部" とテキスト入力。文字列を加えた図＝仕上げ用地図をファイル保存。

③ その仕上げ用地図に、作業用地図から「点」を転記する。

記号は「＋」とし、画面上でサイズを調整して美しく記入する。

④ さらに、番号の数字を点の付近に同じくサイズを調整して美しく記入する。

⑤ ＋記号と番号を記入した図をファイル保存。

⑥ 作業が完了したら、できた分布図をプリントして完成。

7. さらに展開するために

実は、この一連の作業は、いわゆるGISのソフトウェアとネットのサービスを利用することで、飛躍的に容易に短時間でできるのである。同じ作業をGISを使っておこなうと、おおむね次のような手順となる。

まず、iタウンページから作ったエクセルのリストを、公開されている「アドレスマッチング・サービス」に電子的に送ると、後ろに緯度・経度（位置）が付加されて返って来る。

次に、紙の地図に代る「電子国土ウェブシステム」などを利用すると、その緯度・経度化された個別データから直接、自動的に分布図を描かせることができる。

この課題では「位置の決定」「地図上へのプロット」といった作業を、あえて一つひとつ「目」と「手」でおこなうことで、その感覚を身に付けることを目指した。

今回のような"手作り"の作業を経験し、「何がどうなっているのか」を確り理解した上で、GISの学習に取り組むことを勧めたい。

関係のホームページ　URL

政府統計の総合窓口　　http://www.e-stat.go.jp/

iタウンページ　　http://itp.ne.jp/

its-moGuide- ゼンリン地図　　http://www.its-mo.com/

Yahoo 地図　　http://map.yahoo.co.jp/

Googleマップ　　http://maps.google.co.jp/maps

参考：実際の作業例

「名古屋市中区における仏壇店の分布」（佐藤水紀, 2009）から店舗リストと分布図（部分）を例として示す。

番号	店名	住所	番号	店名	住所
1	（株）大黒屋仏壇店本店	中区門前町5－8	13	大矢佛壇店	中区門前町5－4
2	（株）若山仏壇店	中区門前町2－8	14	岡島唐木仏壇店	中区門前町3－26
3	箔種屋仏壇店	中区松原1丁目14－13	15	（株）岡田や佛壇店	中区門前町3－25
4	丸章伊東仏壇店	中区門前町4－9	16	小沢仏壇店	中区橘2丁目1－25
5	安井仏壇店	中区橘1丁目6－29	17	川口仏壇店	中区橘1丁目15－41
6	山金仏壇店	中区松原1丁目16－23	18	（有）木股仏壇店	中区門前町4－27
7	山中佛壇店	中区千代田5丁目20－11	19	京屋井上仏壇店	中区橘1丁目6－20
8	山秀仏壇店	中区橘2丁目2－22	20	後藤太郎仏壇店	中区橘1丁目16－18
9	横井屋仏壇店	中区橘1丁目20－20	21	（資）後藤佛壇店	中区門前町5－7
10	（有）萬屋仏壇店	中区松原3丁目16－14	22	白井仏壇店	中区橘1丁目21－6
11	（有）井川佛壇店	中区門前町4－25	23	鈴木仏壇店	中区上前津1丁目10－4－3－7
12	太田仏壇店	中区橘1丁目14－40			

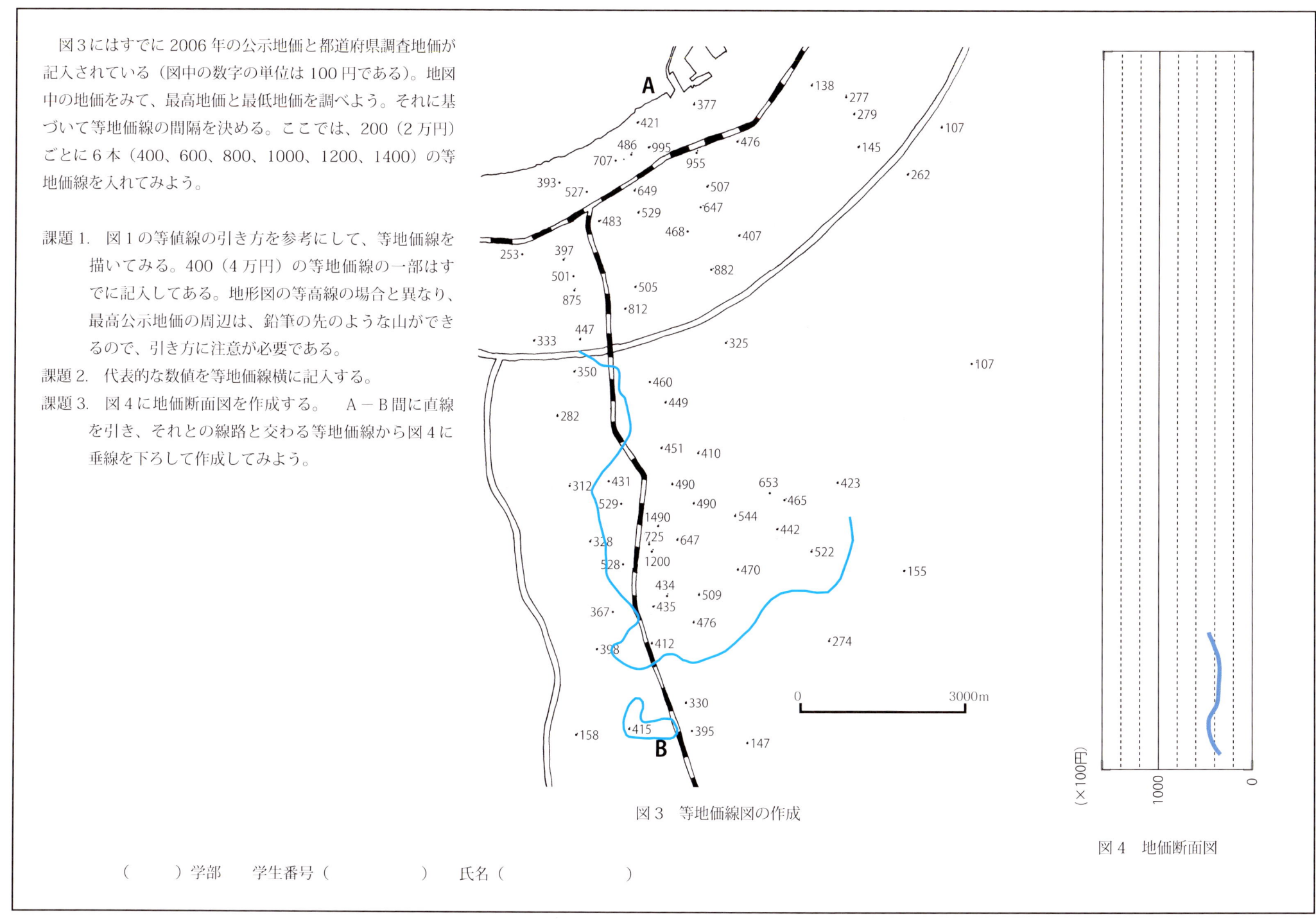

21　公示地価の等値線図をつくる（提出用）

　図3にはすでに2006年の公示地価と都道府県調査地価が記入されている（図中の数字の単位は100円である）。地図中の地価をみて、最高地価と最低地価を調べよう。それに基づいて等地価線の間隔を決める。ここでは、200（2万円）ごとに6本（400、600、800、1000、1200、1400）の等地価線を入れてみよう。

課題1．図1の等値線の引き方を参考にして、等地価線を描いてみる。400（4万円）の等地価線の一部はすでに記入してある。地形図の等高線の場合と異なり、最高公示地価の周辺は、鉛筆の先のような山ができるので、引き方に注意が必要である。

課題2．代表的な数値を等地価線横に記入する。

課題3．図4に地価断面図を作成する。　A－B間に直線を引き、それとの線路と交わる等地価線から図4に垂線を下ろして作成してみよう。

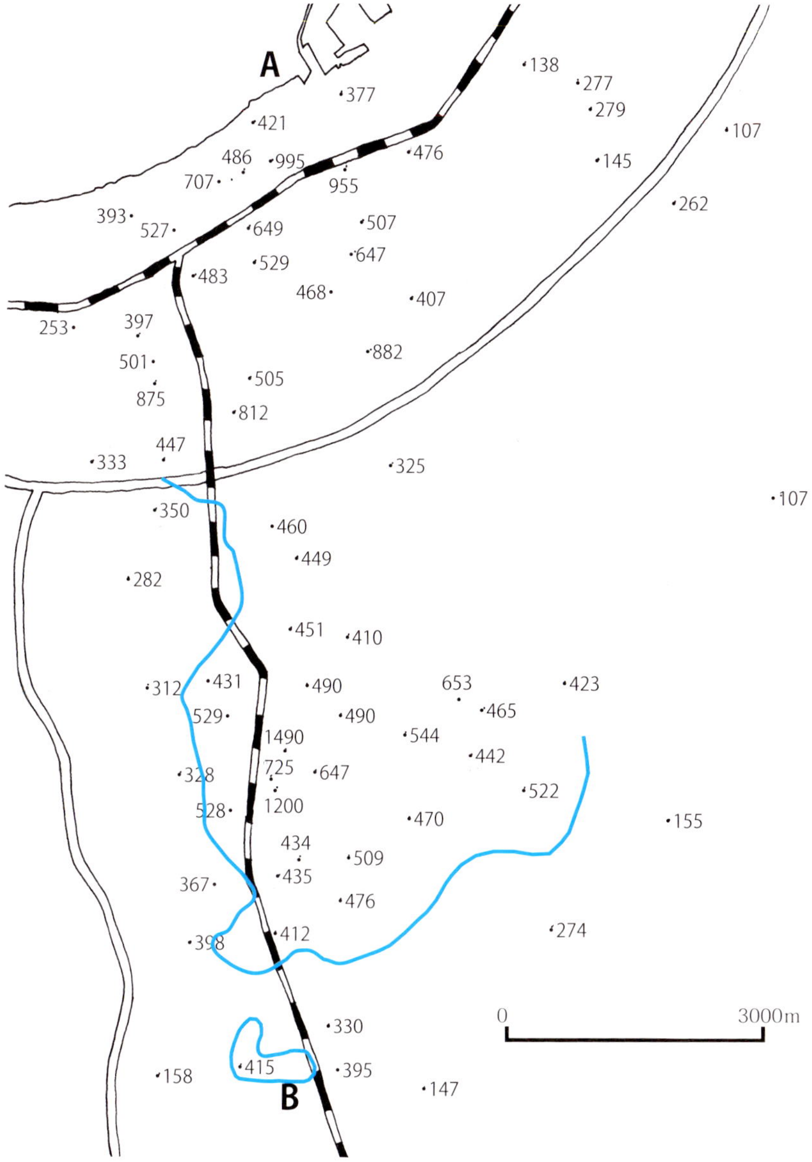

図3　等地価線図の作成

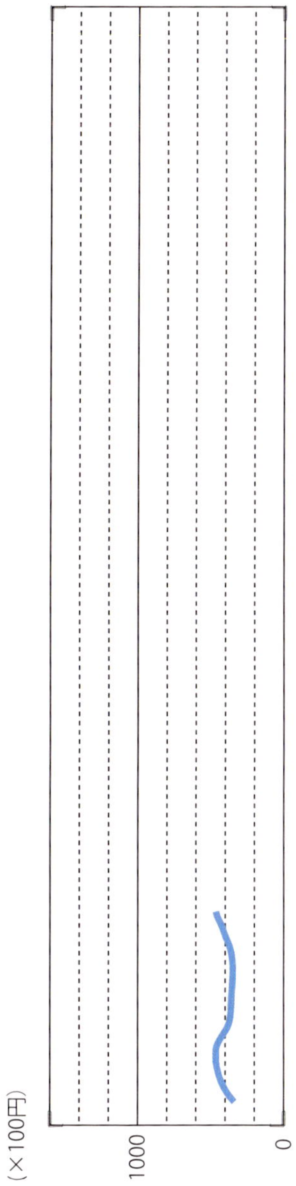

図4　地価断面図

（　　　）学部　　学生番号（　　　　　　　）　氏名（　　　　　　　　）

21　公示地価の等値線図をつくる

　公示地価とは、標準地における1m²当たりの価格のことである。毎年1月1日を基準日として設定されている。行政が地価公示をおこなう目的は、適正な地価形成に寄与することにあり、公示地価は近隣地域の標準的な区画の価格水準を示すものにすぎない。しかし、この地価を地図化することにより、さまざまなことが分かってくる。ここでは、新潟県上越市の公示地価を例に等値線図を描いてみよう。

1. 等値線とは

　紙のような平面に起伏を表現することは、容易ではない。鳥瞰図やケバで表現するのが視覚的に分かりやすいが、定量的に表現することが難しい。地図に初めて等値線を用いたのは、1729年にオランダの技師クルクァイウスであり、航海図に等深線を入れたのが始まりといわれている。等値線は等深線図や等高線図の他、等温線図、天気図の等圧線など、自然的データを扱う際、用いられることが多い。これは等値線図のデータが「どこでも」得られる指標である必要があるためである。

　さて等値線とは、等しい値をもつ地点をなめらかに結んだ線のことである。一般に対象地域全ての地点を連続的に測定することは不可能なので、いくつかのサンプル点のデータに基づいて、等しいと推定された地点をつなぐことになる。この方法を内挿法と呼んでいる。

　図1に簡単な内挿法の例を紹介している。図中には55, 47, 35の3つの値があるが、この3つの値の間には直線的な変化率を想定し、地点間の数値を単純に比例配分して、等値線の位置を決定する。つまり55と47の間には5対3の比率のところに50の等値線が通過すると想定する。また55と35の間は、5対10対5に分割され、50と40の2本の等値線が通ることになる。三点の場合は、以上のように比較的簡単だが、多数の点になるともっと複雑になる。しかしここではあまり深く考えず、ともあれ等値線を描いてみることにしよう。

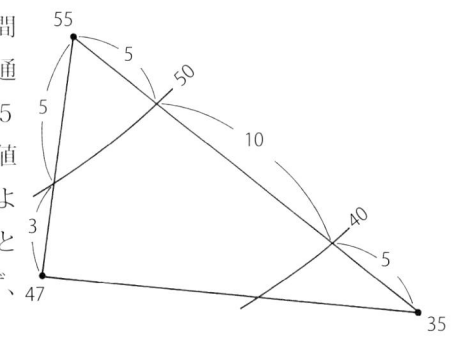

図1　比例配分による内挿

2. 上越市の概観

　作業をおこなう新潟県上越市は、1971年に高田市と直江津市が合併してできた市である。現在の上越市は、2005年にさらに14市町村の大規模合併によりできたものである。人口は合併により20万人を越えているが、市街地は図2で示すように、直江津地区と高田地区に広がっている。このような双核的な都市構造は地価に反映されているのだろうか。前ページの課題をおこない調べてみよう。

3. 等地価線図の読図

　地価の等値線図、すなわち等地価線図を作成すると、地価の高い地域が3つ程度確認できる。北から順に直江津地区、春日山地区、高田地区である。

　都市では事務所や商店、住宅、工場などが多く集まる。一般に都心ほど経済活動が活発になるため、地価は高くなる。つまり、最高地価は都心を示す指標の1つと言ってよいだろう。そして都心では地価が高くなるため、建築物は高層化する傾向が見られる。一方、広い土地を必要とする工場は郊外へ移転していく。

　さて、先に述べたように、上越市は直江津市と高田市が合併してできた都市である。最高公示価格はJR高田駅前にみられ、次いでJR直江津駅前にみられる。すなわち、二つの核をもつ都市であることが確認できる。

　しかし、春日山駅周辺にも地価の高い地域があることに注目したい。直江津・高田両市の合併後、二つの市街地の中間地域である春日山地区に、市役所や行政機関が集中した。このことにより3番目の核が形成されつつあると考えられる。

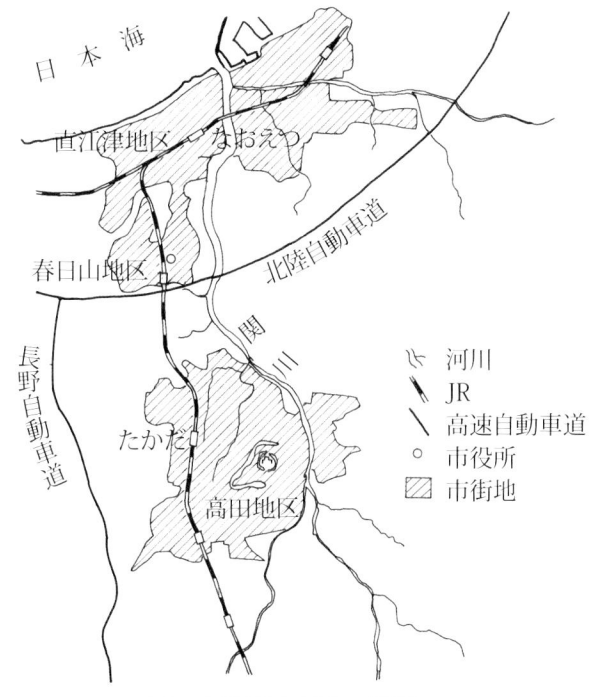

図2　新潟県上越市の概観

22 ボロノイ分割図をつくる（提出用）

課題 1. 定規とコンパスを用意しておこう。図 4 において、AB、BC、CA 間にそれぞれ、垂直二等分線を引きなさい。3 本の垂直二等分線は、1 点で交わるはず（外心）。

課題 2. 稲美町の小学校を図 4 で確認する（図中○）。全部で 5 校ある。近隣の小学校同士で垂直二等分線を引きなさい。遠くの学校同士で引かないように気をつけること。

課題 3. 不要な線を消して分割線だけを残します。分割線を赤色で目立たせなさい。これでボロノイ図は完成である。

課題 4. 実際の通学区域（図中の実線）を青色で着色する。実際の通学区域と今回作成した理論図とを比較し、どんな点に気づくだろうか。

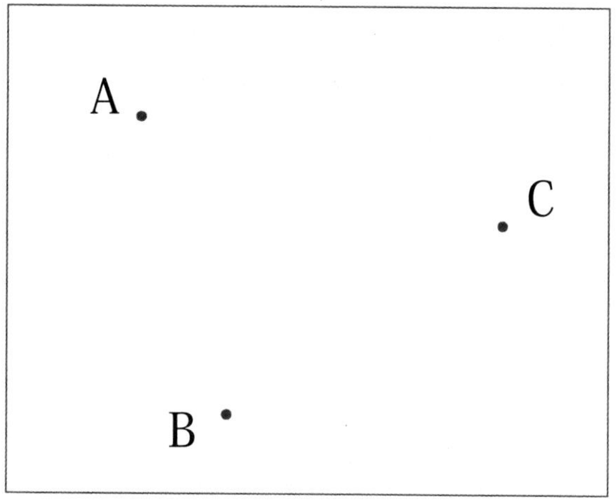

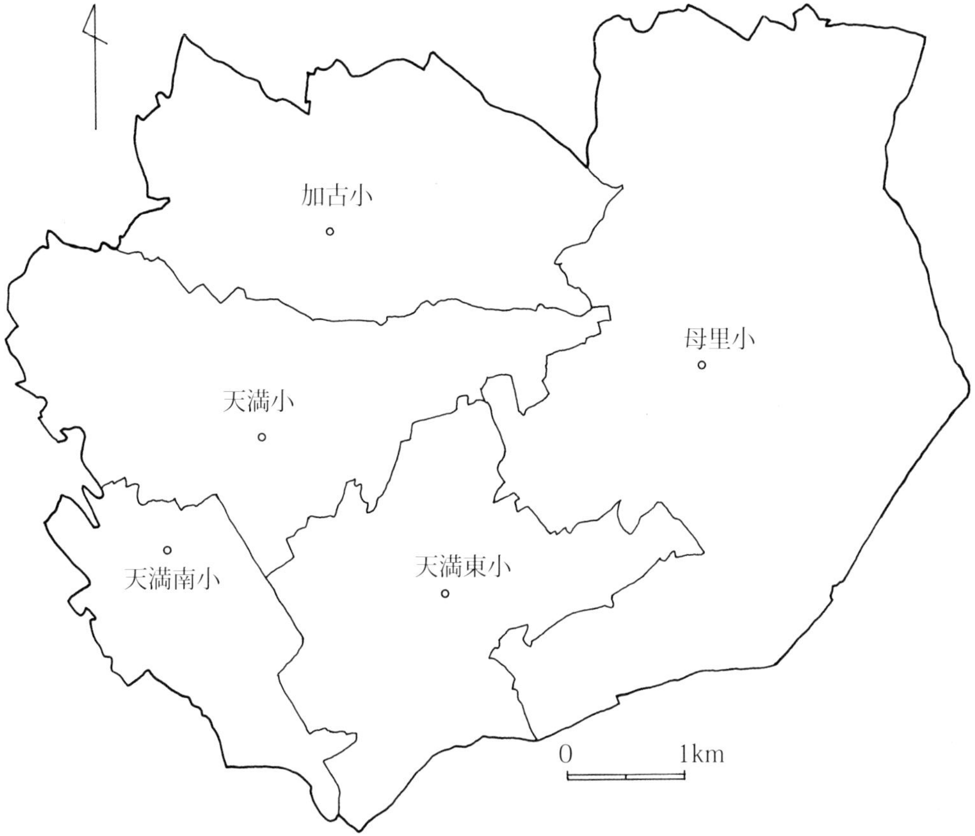

図 5 稲美町の小学校の立地

図 4 ボロノイ図の作図練習

（　　　）学部　学生番号（　　　　　　　　）氏名（　　　　　　　　　）

22　ボロノイ分割図をつくる

　理論と現実が異なることが、世の中には多い。そのような場合、「なぜ両者に差が生じるのか」ということに考えをめぐらせてみたい。ここでは、小学校の通学圏をボロノイ分割という手法を用いて理論的に求めたい。そして現実の小学校区との差を考えたい。

1．ボロノイ分割とは

　郵便ポストに手紙を出す場合、一般的には家から最も近いポストを利用するだろう。これは「施設を利用する人は、家から最も近い施設を利用する」という考え方で、最近隣施設利用仮説とよんでいる。図1のように2つのポストがあった場合、XさんはAのポストを利用し、YさんはBのポストを利用するだろう。こうしたことから、図1においてA・Bポストの間に垂直二等分線を引いてやると、両ポストの利用圏を設定することができる。

　平面上にいくつかの点が配置されているとき、その平面内の点をどの点に最も近いかによって分割することをボロノイ分割（ボロノイとはロシアの数学者の名）とよぶ。ボロノイ分割を使えば、その施設の勢力圏を示すことができる。この考え方を利用して銭湯の勢力圏、避難所の立地、コンビニの立地、駅勢圏などの研究がおこなわれている。例えば、図2（a）のようにコンビニがあったとすると、（b）のようなコンビニの商圏を理論的に設定することができる。

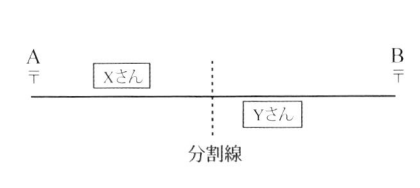

図1　2つのポストの利用圏

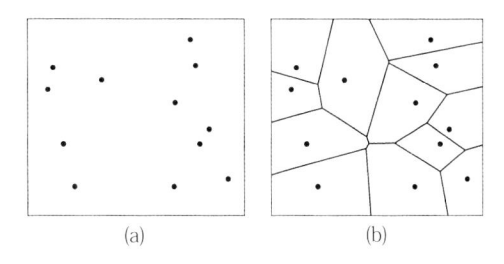

図2　コンビニの商圏（野上ほか 2001）

2．兵庫県稲美町における小学校のボロノイ分割

　稲美町は兵庫県南部に位置し、町域の大部分はいなみの台地上にある。町内に山地や大きな河川がなく、市街地（人口集中地区）も存在しない。したがって勢力圏を決める際に、地形的影響や人口の地域的偏りに留意する必要がないと考えられる地域である。この地域における小学校区のボロノイ分割を手作業でおこない、理論的な小学校の通学圏を求めたい。そして実際の小学校区と比較する。

3．ボロノイ図と小学校区

　課題作業の結果をみて、いくつか考えてみたい。加古小学校や天満小学校では、ボロノイ図と実際の小学校区とが比較的良く一致しているが、南部の母里小学校と天満東小学校との校区境は複雑で、ボロノイ図と大きくかけ離れていることがわかるだろう。小学校区は、必ずしも合理的理由でが設定されているわけではない。

　稲美町立小学校の通学区域は、町規則によって決められている。その規則をみると、ほぼ大字単位を集めて定められていることがわかる。歴史的に見ていくと、小学校区がかつての村域を表す場合が多い。

　こうしたことから、通学区の設定は歴史的な影響が大きいことがわかる。ボロノイ図が示すような合理的な校区を設定しようとしても、すでに小学校区（旧村）が住民にとって、地縁的結びつきのある地域（実質地域）になってしまっているため、変更することがむずかしい。

　今回は手作業によって分割をおこなったが、どの点を取り出して、二等分線を引けばいいのか、迷うところもあったのではないだろうか。また5校程度ならいいが、もっと多くの学校で作業しようとすると、手作業では時間がかかりすぎてしまう。そこでコンピュータの利用が考えられる。地理情報システム（Geographic Information System、略称GIS）といって、情報機器を活用し地理情報をデータベース化し、分析するシステムがある。次の図3はGISを活用して作成した例である。小学校のボロノイ図だが、上の作業よりも広い範囲で作成している。図中に図5でおこなった作業地域が含まれているが、わかるだろうか。

図3　加古川・稲美町周辺の小学校のボロノイ図

23 空中写真の実体視

1. 空中写真

　地図はどのようにして作られているのか。私たちがふだん目にする地図（道路地図など）の多くは、国土交通省国土地理院が作成した地形図をもとに、描かれる情報を加除編集して作られている。では、国土地理院はどのようにして日本中の地図を作っているのか。国土地理院では飛行機を飛ばして、上空から地表の様子を写真撮影している。飛行機の床に開いた窓から専用のカメラで真下を撮影したもので、これを空中写真とよぶ。これなら、どこに道路や線路、建物や河川があるか一目瞭然で、地図を描くことができる。

　しかし、写真では地表の起伏まではわからない。樹木が生い茂っていることはわかっても、そこが山の斜面なのか平地林なのかは、はっきりわからない。ましてや、地図の等高線などどうやって描くのか。それを解き明かすために、まず、人間はなぜ立体的にものを見ることができるのかを考えてみよう。

　人間は左右2つの目を持っており、両方の目で、目の前にある1つの対象物を見ている。左右の目で見える映像は、視点の違いから少し異なっている（目の前に鉛筆か消しゴムを置いて、手で片目を隠しながら、左右交互の目で見比べてみると違いがわかる）。この見え方の違いを脳で瞬時に解析して、私たちは奥行き感をつかみ、立体的にものを見ているわけだ。仮に、ものすごく巨大な人がいて、地面を見下ろしていたとすると、彼には左右2つの目があるから、地表を立体的に見ることができる。彼が地表を立体的に見るしくみを、私たちがシミュレートしてみよう。飛行機を飛ばし、巨人の左目と右目に相当する位置で、それぞれ空中写真を撮影する。そして、巨人の左目に相当する位置で撮った写真（A）を左目で、巨人の右目に相当する位置で撮った写真（B）を右目で見れば、地表の様子を立体的に見ることができるはずだ。このようにして2枚の写真から立体的な見え方を得ることを実体視とよぶ。

　国土地理院では空中写真を撮影する際、飛行しながら一定間隔で連続的に撮影し、1枚目と2枚目では半分程度は同じ場所が写るように撮影している。つまり、ある場所を異なる2つの位置から撮影しているわけで、空中写真の実体視により地表の高低をとらえることができる。実体視をおこなうことで、ふつうに空中写真を見るよりも、地表の様子についてはるかに多くの情報を得ることができる。

2. 実体視

　すでに説明したように実体視は一方の写真を左目で、もう一方を右目で見る。しかし、何の道具の助けもなしにこれができるようになる（裸眼実体視とよぶ）には訓練が必要になる。課題1でうまく見えなかった人もいるかもしれない。地図を作ったり地形を研究する専門家は、実体鏡とよばれる道具を使っている。実体鏡は、レンズや反射鏡によって、左右の目がそれぞれの写真を見るように工夫された器具である。

　そのほかに、課題2のように赤青メガネを使う方法もある。この方法はアナグリフ（余色立体視）といい、画像を作るのに若干の技術が必要となるが、多くの人が簡単に実体視することができ、赤青メガネは実体鏡に比べて極めて低コストで、同時に何人もの人が見ることができるという特徴がある。赤青メガネは、例えばSTEREOeYe（http://www.stereoeye.jp/）で購入できる。

3. 地理学と空中写真の実体視

　空中写真の実体視は、地図を作るために用いられるだけではなく、地形や植生などの調査研究に用いられている。例えば、活断層が過去にずれ動いてできた地形や地すべりの痕跡を見つけるなど、防災にも役立っている。

4. 空中写真の入手

　国土地理院撮影の空中写真は、財団法人日本地図センターが受注生産により販売しており、全国の取次店を通じて購入できる。現在、順次デジタル化が進められ、国土地理院の「国土変遷アーカイブ」（http://archive.gsi.go.jp/airphoto/）で閲覧できるようになってきている。また、一部の空中写真は「国土画像情報」として「国土情報ウェブマッピングシステム」（http://nlftp.mlit.go.jp/ WebGIS/）で公開されており、閲覧のみならず、ダウンロードや印刷、他への転載なども可能である。

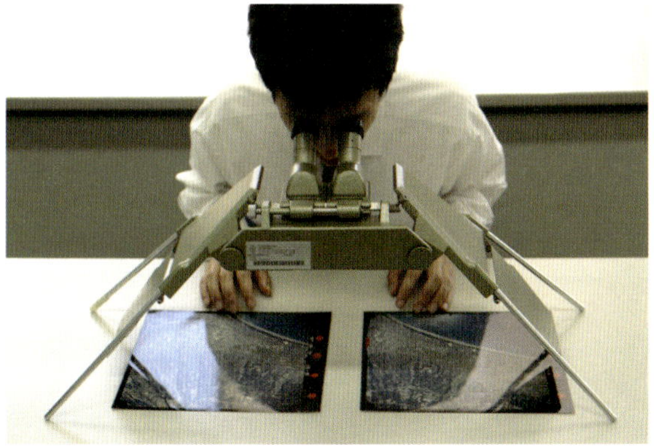

実体鏡を使った空中写真の実体視

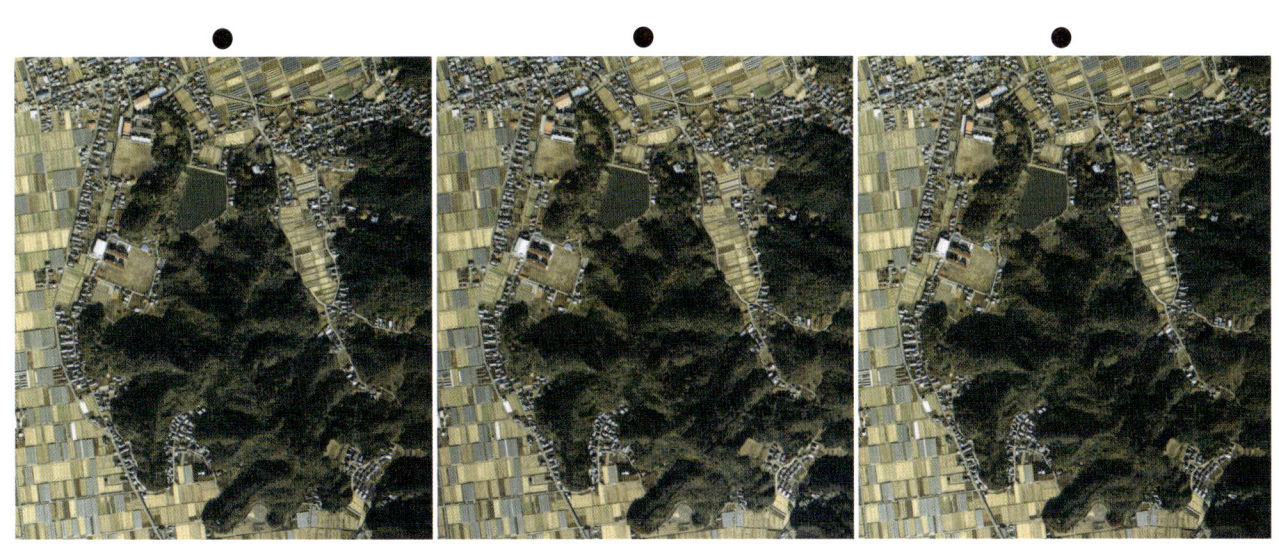

写真1-A
(国土画像情報 CCB-88-1 C31-8)

写真1-B
(国土画像情報 CCB-88-1 C31-9)

写真1-A'
(写真1-Aに同じ)

写真2
(国土画像情報 CCB-88-1 C31-8, 9から作成)

24　アナグリフによる地形実体視 ― 養老山地東麓の扇状地

1. 扇状地の地形と土地利用

　山地の中を流れている川は、土砂を侵食して谷を刻みながら、下流へと流れていく。山あいの狭い谷から開けたところに出ると、川の勢いは急速に衰え、谷の出口付近に多量の土砂を堆積する。長い年月の間に土砂の堆積が何度も繰り返されると、谷の出口を頂点に、扇形に緩やかな傾斜をもった地形ができる。これを「扇状地」とよぶ。

　扇状地の規模や傾斜はさまざまである。土砂を運んでくる河川の規模など、それを取り巻く環境に影響される。写真１では、半径１km 程度の比較的小規模なものが２つ並んでいるのを見ることができる。一方、北アルプスを流れる黒部川が下流につくった扇状地は、谷の出口から末端（海岸線）まで 10km 余りもある大規模なものである。

　扇状地には、おもに礫(石)や砂が堆積している。より細かい泥はもっと下流(あるいは海)まで流されていくからである。礫や砂が主体の地層は、水を非常に通しやすいため、山地から川となって流れてきた水は、大部分が扇状地の頂点（扇頂とよぶ）から地下に浸透していき伏流水となり、流量全体が少ない場合には、地表では水が見られない水無川（涸れ川）となる。こうした地形環境のために、扇状地の中ほど（扇央とよぶ）は水田耕作には不向きな土地で、かつては桑畑や果樹園などが見られたほか、未開発の森林の部分も多く存在した。現在では、灌漑用水の整備や土地改良により水田もしばしば見られるほか、宅地開発も行われている。

　一方、扇状地の末端部（扇端とよぶ）付近では、地下を伏流してきた水が、湧水として再び地表に現れる。この水の得やすさから、扇端付近の湧水帯に集落が立地することが多い。

2. 養老山地東麓の扇状地

　写真１は岐阜県南部の養老町付近である。ここは、養老山地（主峰:養老山 標高 859 m）の東麓に位置する。養老山地の東側（写真では下側）には、濃尾平野が広がっており、両者の境界は非常にはっきりとしている。養老山地の東麓には活断層が通っている。すなわち、断層の活動により西側がどんどん隆起して山地ができ、一方、東側には、木曽川や長良川が上流から運んできた土砂が堆積して平野ができたのである。このような地形は日本の各地に見られる。

　写真中央やや左に、「小倉谷」と呼ばれる河川（ふだん表流水がないため、「川」と呼ばず、上流の谷の延長で「谷」と命名されたものと思われる）がつくった扇状地を見ることができる。典型的な形をしており、扇端に集落が立地しているほか、鉄道が勾配を避けるために等高線状に湾曲して通っているのを見ることができる。

　地形図と対比させてみるとわかるように、扇頂付近から水無川となる。また、地形図ではわからないが、扇頂付近には地下水をくみ上げる水道施設もある。扇央付近は、樹林のほかに、かつては桑畑もあったようで、現在は果樹園（柿・梅）となっている。また、西小倉付近で新興住宅地もみられるほか、保養施設なども立地する。

　小倉谷の川は、扇央付近から扇端付近で天井川になる。鉄道や道路がトンネルで川の下をくぐっていることからも、河床が周囲よりも高いところにあることがわかる。小倉谷の川は、洪水の度に大量の土砂を養老山地から運び出し、扇状地に堆積してきた。人間が堤防を造ってからは流路が固定され、河床や（洪水が堤防を越えた場合）堤防付近にばかり土砂が堆積した結果、河床が周囲の土地より高くなったのである。

赤青メガネを用いて写真1を実体視し、以下を試みなさい。

課題1. 実体視をしながら、山地と扇状地の境界線、扇状地とさらに下流側の低く平らな場所との境界線を書き込みなさい。

課題2. 写真1の実体視および地図1の読図により扇状地の土地利用を観察し、扇状地の中ほどはどのような土地利用の特徴がみられるか、また、集落はどの辺りに立地しているか答えなさい。

課題3. 地形図を見ると、扇状地付近で河川は涸れ川になっている。これは、扇状地では山地から運ばれた礫（石）や砂が多く堆積しているため、水が地下に伏流してしまったからである。これをもとに、古くから扇状地では課題2で答えたような特徴がみられる理由を考えなさい。

写真1 （国土地理院撮影空中写真 CCB-91-1X C5-14, 15 から合成）

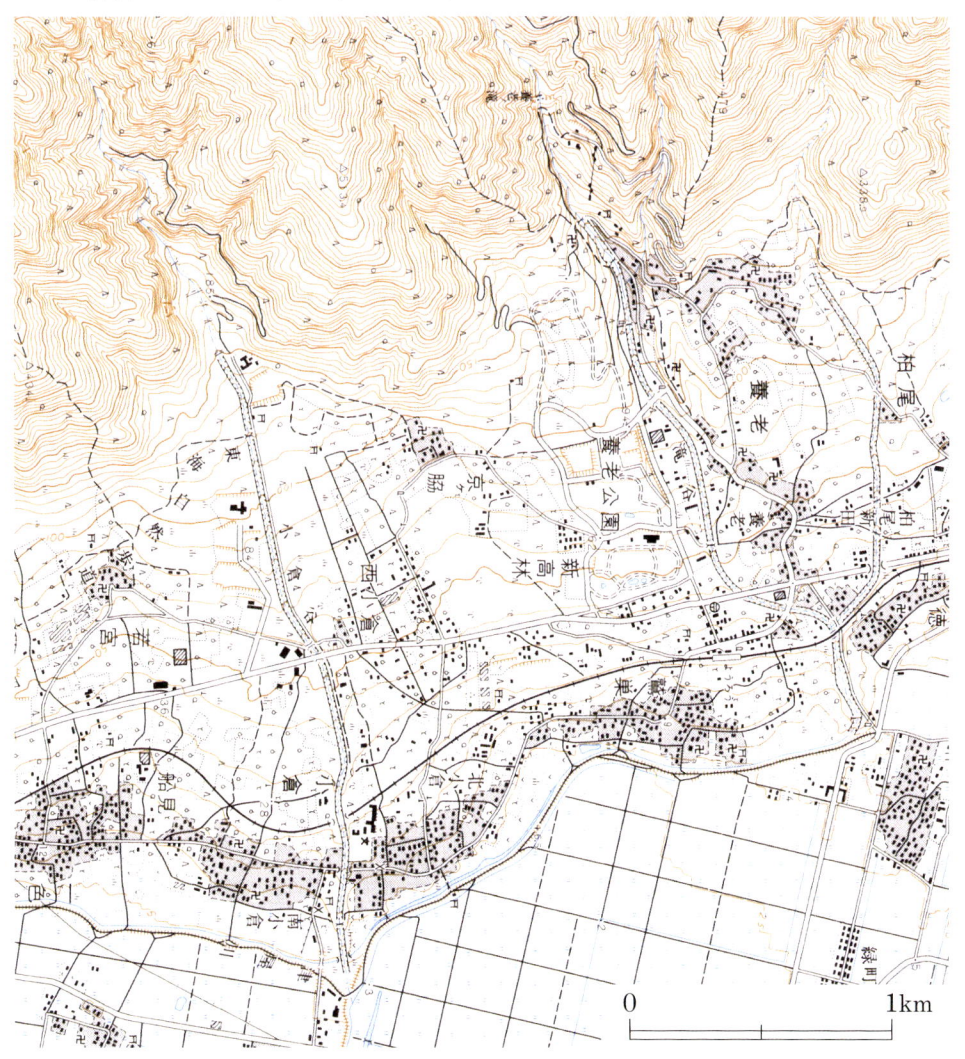

地図1 （国土地理院　1：25000 地形図「養老」を縮小）
写真1と同じ向きになるように回転してあり、北が右になっている。

25　アナグリフによる地形実体視 ― 地形の人工改変と都市開発

1.　空中写真で見る地域の変化

　国土地理院では、地形図の作成や地理調査のために、全国の空中写真を1960年代から繰り返し撮影してきた。また、第二次世界大戦直後、米軍は占領政策のために、日本全土の空中写真を撮影した。これら過去に撮影された膨大な数に上る空中写真は、国土地理院に保管されており、だれでも閲覧したり、購入することができる。これにより、国土の現在の姿だけでなく、過去の姿も知ることができ、経年変化を把握することもできる。

　日本では、1950年代後半からの高度経済成長に伴い、急激な都市の成長が起こった。都市郊外では農地や森林の宅地化などが進んだ。新旧の空中写真を比較すれば、このような地域景観の変化をつぶさにとらえることができる。

　また、地形調査（とくに市街地が広がる平野部の地形調査）を行う場合には、宅地造成や圃場整備などの人工改変が行われた後である最近の空中写真ではなく、1960年代や米軍撮影の空中写真がしばしば利用されている。現在は開発が進んでわからなくなっていても、古い時代の空中写真を用いれば、かつての川や沼、活断層によってできた崖などの微地形を見つけることができるからである。

2.　地形の人工改変と災害

　高度経済成長期以降の都市の拡大により、大都市郊外では、それまであまり開発が進んでいなかった平野のなかでも低湿な場所や丘陵地で、宅地開発が進んだ。東京郊外の多摩ニュータウンや大阪郊外の千里ニュータウンなどは、丘陵地を造成して大規模な住宅団地として開発した代表的な例である。

　しかし、現在、このような造成地での災害の危険性が指摘されている。河川や海が土砂を堆積させてできた沖積低地は全般に地盤がしっかりしていないが、なかでも、旧河道（かつての川の跡）や粘土質の泥が中心に堆積した後背湿地では、地震の際、ゆれが大きく増幅され、被害が大きくなる。また、埋立地など均質な砂の地盤では、液状化現象が起きる恐れがある。丘陵地では、山を削り（切り土）、谷を埋めて（盛り土）平坦な土地が造成されるが、地震などが引き金となって、谷を埋めた部分が地すべりを起こす可能性や、切り土と盛り土の境界線付近で建物被害が大きくなることが指摘されている（熊木ほか、1995）。

　このように地形と災害とが密接に関係しているにもかかわらず、地形が人工的に改変されているため、実際に現地へ赴いてもかつての地形が見てわかるわけではない。このような場合に、過去の空中写真が大きな手がかりとなる。過去の空中写真から地形を判読し、その結果を、当時と現在とで共通する地物を手がかりに、現在の空中写真や地形図に重ね合わせれば、現在の場所がかつてどのような地形であったか知ることができる。

　写真1は、1948年に米軍が撮影した空中写真のアナグリフである。この地域は、古い火山の麓に広がる緩斜面で、幾筋もの谷が刻まれているのが観察できる。同じ場所の現在の空中写真（写真3）を見ると、谷の一部を埋めて、住宅団地や学校のグラウンド、幹線道路ができたことがわかる。

注）

　この作業課題は、新旧の空中写真の比較によって人工改変以前の地形を知ることの基本的な方法を理解してもらうためのものである。課題の方法では、盛り土・切り土の範囲やその量について正確に知ることはできないし、これだけでは、当該地域や個々の建物についての具体的な災害被害の可能性について述べることはできない。

参考文献

熊木洋太・鈴木美和子・小原昇編著（1995）：『技術者のための地形学入門』 山海堂212p

25 アナグリフによる地形実体視 — 地形の人工改変と都市開発（提出用）

課題1. 写真1は1948年に撮影された空中写真のアナグリフである。赤青メガネを用いて実体視し、地形を読み取って、谷の部分を写真2に書き込みなさい。

課題2. 写真3は写真1・2と同じ場所を2002年に撮影した空中写真である。写真2に書き入れた谷の部分を写真3に書き写しなさい。（トレーシングペーパーを用いて写真3に重ね合わせてもよい。）

写真1（米軍撮影空中写真 R1959-9,10 から合成）

写真2（米軍撮影空中写真 R1959-10）

写真3（国土地理院撮影空中写真 CCB-2002-1X C5-10）
写真1・2と同じ向きになるように回転してある。

課題3. 谷を埋めて宅地開発されたと予想されるところを写真3から抜き出しなさい。

（　　　）学部　　学生番号（　　　　　）氏名（　　　　　　　　）

執筆者紹介（執筆順）　　　　　　　　　　　　　　担当

山野明男	愛知学院大学教養部教授（故人）	1
寄藤　昂	元 芝浦工業大学工学部共通人文社会教授	2, 3, 9, 13, 14, 16, 17, 20
内田和子	岡山大学名誉教授	4, 5
小橋拓司	兵庫県立加古川東高等学校教諭	6, 21, 22
森　泰三	ノートルダム清心女子大学文学部教授	8, 12
田畑久夫	昭和女子大学名誉教授	10
北川博史	岡山大学大学院社会文化科学学域教授	15
福本　紘	梅花女子大学名誉教授（故人）	7, 11
的場貴之	元 大阪府枚方市立桜丘中学校教諭	7, 11
吉本　勇	就実大学人文科学部教授	19
今井英文	岡山商科大学経済学部非常勤講師	18
佐藤崇徳	沼津工業高等専門学校教養科教授	23, 24, 25

書　名	**地理学演習帳**
コード	ISBN978-4-7722-5245-4　C3025
発行日	2010（平成22）年1月1日　初版第1刷発行
	2012（平成24）年2月1日　第2刷発行
	2016（平成28）年2月25日　第3刷発行
	2021（令和 3）年10月20日　第4刷発行
編　者	**内田和子・寄藤昂**
	Copyright ©2010 UCHIDA Kazuko and YORIFUJI Takashi
発行者	株式会社古今書院　橋本寿資
印刷所	三美印刷株式会社
製本所	三美印刷株式会社
発行所	**古今書院**
	〒113-0021　東京都文京区本駒込5-16-3
WEB	http://www.kokon.co.jp
電　話	03-5834-2874
FAX	03-5834-2875
振　替	00100-8-35340
	検印省略・Printed in Japan